2025 - 2030
이재명 시대
대한민국 경제 미래 대예측

2025 - 2030 이재명시대
대한민국 경제 미래 대예측

대한경제포럼 편집부 지음

대한경제포럼

목차

프롤로그　7

제1부　권력의 진공 속으로
윤석열 탄핵 정국　2025 한국 정치판은 어떻게 재편되었나?　　11
"대선은 싸움이 아니라 구조다"　이재명 부상과 파열음　　16
복지 실험실에서 국정의 전면으로　이재명의 정치적 DNA　　20
'공정'과 '민생'　두 가지 이름의 전쟁터　　24

제2부　국가를 설계하는 자
만성 불경기의 시대　이재명식 민생 해법은 무엇인가?　　31
100조 투자의 정체　대한민국 산업의 판을 바꾸다　　43
금융시장 개조 프로젝트　돈의 규칙을 바꾼다　　50
정치 개혁의 최후 전선　갈라진 사회를 다시 잇는다　　58

제3부　2025-2030 시나리오
경제 지표와 숫자가 모든 걸 말하진 않는다　　65
재정 적자　'폭탄'인가, '투자'인가?　　69
산업별 성장의 승자와 패자　누가 미래를 먹을 것인가?　　72
위기의 부동산　다음 사이클은 이미 시작되었나?　　75
움직이는 금융시장　거품인가, 회복인가?　　79
한국 경제는 글로벌 충격에 얼마나 준비되어 있는가?　　83

제4부 실행을 가로막는 벽들
- 한정된 예산   돈은 얼마나 더 풀 수 있나? 91
- 정치가 정책을 죽이는 순간들 96
- 민심과 집권의 균형   언제 어떻게 무너지는가? 100
- 금리, 기후, 전쟁   예측 불가능한 변수에 대처하는 법 104

제5부 재편과 전환의 시대
- 평가 그리고 기준   앞으로를 무엇으로 평가할 것인가? 111
- 경제가 달라지면 정말로 국민의 삶이 나아질까? 115
- 무엇을 남기고, 무엇을 지울 것인가? 118
- 이재명 정부의 미래 과제   3대 관문과 3대 레버 123
- 한국형 성장 2.0   그 구조와 가능성 129

제6부 미래 경제 예측 종합 리포트
- 판을 바꾼 정부, 판에 올라탄 기업   정책과 성장 시나리오 133
- 새로운 세상을 여는 친환경 에너지 전환 139
- 디지털 뉴딜 2.0   AI와 반도체 산업의 재도약 145
- 미래차 전환기   정책과 기업의 성장 방정식 150
- K-콘텐츠 및 방산 수출 확대 전략   기업 성장 전망 155
- 바이오헬스, 혁신의 경계   누가 시장을 선점할 것인가? 161
- 급변하는 정책 구조   최적의 투자 전략은? 166
- 중장기 투자는 다르다   포트폴리오 구성 전략 172
- 국가 규모의 투자 리스크   어떻게 관리하고 대응하나? 177

에필로그   183
부록   185

프롤로그

새로운 시대의 문턱에서, 우리는 무엇을 보아야 하는가?

2025년 6월, 대한민국은 새로운 역사적 전환점에 서 있다. 전대미문의 정치적 혼란을 뚫고, 헌정 사상 두 번째 대통령 탄핵 인용이라는 격변을 지나 출범한 이재명 정부는 단순한 정권교체 그 이상의 상징성을 지닌다. 이 정부는 혼돈과 불신의 시대를 넘어 국민이 주인이 되는 진정한 민주주의 실현과 경제적 부흥을 약속하며 출발했다. 단순한 권력의 교대가 아닌, 국가 시스템을 다시 설계하고 사회계약을 새로 쓰는 거대한 도전에 나선 것이다.

이재명 대통령은 취임사에서 "국민이 주인인 경제, 공정한 기회가 열리는 사회"를 선언하며 그간의 정치·경제적 불평등과 기득권 구조에 대한 단호한 개혁 의지를 밝혔다. 이 책은 그런 이재명 정부의 단순한 공약과 정책을 나열하는 정치 보고서가 아니다. 오히려 이재명이라는 한 인물이 국가를 어떻게 바라보고, 어떻게 위기 속에서 새로운 질서를 설계하며, 미래를 향한 구조적 비전을 구체화하는지를 탐구하는 여정이다.

이재명 정부가 던지는 질문은 명확하다. 우리는 어떻게 위기를 기회로 전환할 것인가? 기후 위기, 경제적 불평등, 글로벌 공급망의 붕괴, 디지털 전환이라는 격류 속에서 대한민국은 어떤 선택을 해야 하는가? 그리고 그 선택은 국민 개개인의 삶과 공동체의 지속 가능성에 어떤 변화를 가져올 것인가? 이재명 정부가 추진하는 정책은 단순히 예산 배분과 성장 지표의 문제가 아니다. 그것은 국민의 체감과 삶의 질, 그리고 신뢰라는 이름의 무형 자산까지 설계하려는 시도이다.

이 책은 그러한 정책의 이면에 숨겨진 전략적 사고, 데이터 기반의 분석, 그리고 그로 인한 경제·사회적 파급력을 깊이 들여다본다. 친환경 에너지에서 디지털 혁신, 미래차, K-콘텐츠, 방산, 바이오헬스까지, 산업별 전략은 국가 경제의 구조적 전환과 연결된다. 우리는 이 책을 통해 이러한 산업 정책과 투자 전략이 단기적 수익이나 성과를 넘어, 대한민국 경제의 복원력과 지속 가능성이라는 근본적 과제를 어떻게 풀어나가는지 살펴보게 될 것이다.

한 걸음 더 나아가 예상되는 미래의 다양한 시나리오를 그린다. 경기 둔화, 금리 변동, 글로벌 지정학적 긴장과 같은 외부 변수는 물론, 국내 정치와 정책 변화의 내적 요인이 경제에 미칠 영향을 분석한다. 이를 통해 우리는 지금의 선택이 2030년 대한민국의 모습에 어떤 지도를 그릴지, 그리고 그 지도가 우리 삶의 경계선을 어떻게 다시 그릴지를 냉철하게 전망할 수 있을 것이다.

지금 우리는 그 어느 때보다 깊은 질문과 마주하고 있다. 우리는 어떤 국가를 꿈꾸는가? 이재명 정부가 제시하는 비전과 정책은 그 질문에 대한 하나의 응답일 수 있다. 그러나 궁극적인 해답은 정부만이 아닌 국민 모두의 선택과 참여 속에서 완성된다. 이 책은 그 여정의 동반자이자 나침반으로, 독자 여러분과 함께 대한민국이 나아갈 길을 성찰하고, 함께 그 해답을 찾아가는 출발점이 될 것이다.

제1부
권력의 진공 속으로

이재명 정부의 탄생

윤석열 탄핵 정국
2025 한국 정치판은 어떻게 재편되었나?

2024년 12월, 대한민국은 충격적인 정치적 사건을 새롭게 마주했다. 윤석열 전 대통령의 비상계엄 선포는 국민과 정치권 모두에게 큰 충격을 주었고, 급기야 헌법재판소는 대통령 탄핵 결정을 내렸다. 이 사건은 한국 현대사에서 손에 꼽을 만한 정치적 진공 상태를 만들어냈다. 기존 정치적 지형이 무너지고 국민들의 불안과 분노는 최고조에 달했다.

그 시작은 2024년 12월 3일 밤이었다. 윤석열 전 대통령은 돌연 전국에 비상계엄을 선포했다. 군 통제권을 동원한 이 조치는 정치적 위기를 국가 안보의 문제로 전환시키려는 시도로 받아들여졌고, 국민 사이에 강한 충격과 불안을 불러일으켰다. 헌정 사상 유례없는 대통령의 조치는 즉각적인 정치권 반발로 이어졌다.

다음 날인 12월 4일 새벽, 국회는 계엄 해제를 요구하는 결의안을 신속하게 통과시켰다. 여야를 막론한 정치권의 공조는 대통령 권한에 대한 견제 의지를 분명히 보여주는 동시에, 정국의 긴박함을 반영한 대응이었다. 국회가 헌법적 절차에 따라 대응에 나서자, 정국은 탄핵 가능성이라는 중대 국면으로 이동했다.

열흘 뒤인 12월 14일, 국회는 윤 대통령에 대한 탄핵소추안을 가결하며 본격적인 헌정 중단 사태에 돌입했다. 이 시점부터 한국 사회는 정치적 공백 상태에 빠졌고, 각종 지표는 그 불안을 반영했다. 주가는 연일 하락했고, 외환 시장의 불안정성이 심화됐으며, 대기업은 물론 중소기업들도 투자와 고용 계획을 보류하거나 축소하는 등 경제 전반에 광범위한 영향을 미쳤다.

2025년 4월 4일, 헌법재판소는 윤석열 전 대통령의 파면을 최종적으로 결정했다. 이로써 대통령의 직무는 공식적으로 종료되었고, 헌법상 조기 대선 절차가 본격화되었다. 한국 사회는 대통령 권한의 공백 상태 속에서 정치·경제 양면의 불확실성을 견뎌야 했고, 국민 여론은 '정치적 안정'과 '사회적 통합'에 대한 갈망으로 빠르게 모여들기 시작했다.

이 사건들은 한국 현대 정치사에서 손에 꼽힐 만한 권력 공백과 헌정 위기를 초래했다. 기존의 정치 지형은 사실상 무너졌고, 국민들의 분노와 피로감은 정당 간 구도 자체를 뒤흔드는 방향으로 작동했다. 각 정당은 생존을 위한 전략 재정비에 착수했고, 새로운 정치 질서를 선점하려는 치열한 경쟁이 본격화되었다.

탄핵 정국 이후 정치권은 급속히 재편되기 시작했다. 국민의힘과 더불어민주당은 모두 새로운 정치적 프레임을 선점하기 위해 발 빠르게 움직였으며, 유력 대선 주자들의 지지율도 급변했다. 한국갤럽이 4월 3주차에 발표한 여론조사에서 이재명 후보는 44%의 지지를 얻으며 압도적인 선두를 달렸고, 뒤를 이어 김동연(8%), 김경수(3%), 김두관(2%) 등은 한 자릿수에 그쳤다. 이후 5월 16일 매일경제 보도에 따르면, 이재명 후보의 지지율은 51%로 상승하며 과반을 돌파했고, 김문수(29%)와 이준석(8%)이 그 뒤를 이었다. 하지만 5월 23일 조선일보 여론조사에서는 이재명이 45%로 소폭 하락한 반면, 김문수는 36%까지 상승하며 격차를 좁혔다. 이처럼 정국의 혼란이 해소되지 않은 가운데 유권자들의 선택은 급격히 요동쳤다.

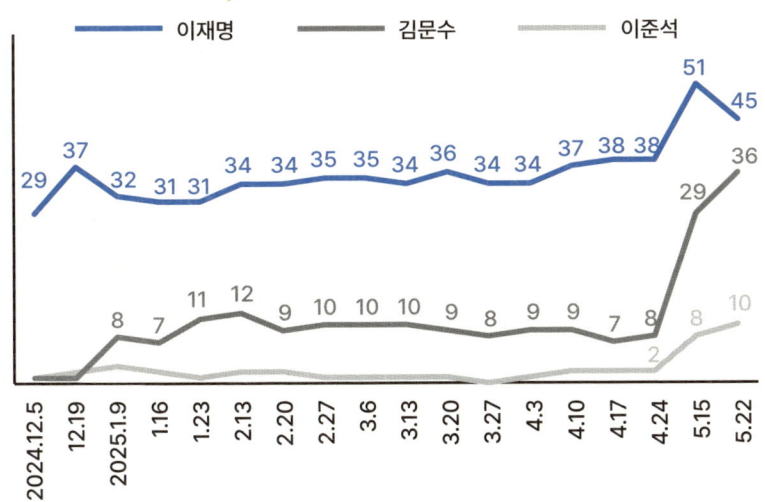

Fig 01. 탄핵 정국 이후 각 인물 별 지지율 변화 (단위: %)
(자료 출처: 한국갤럽 5월 4주 차 여론조사)

　이러한 변동은 단순한 수치의 등락이 아니었다. 탄핵 정국 이후 국민들이 어느 쪽도 확신하지 못하는 정치적 진공 상태 속에서, 새로운 대안을 탐색하고 있다는 신호였다. 누가 무너진 권위의 자리를 대신할 것인가. 누가 무질서한 정국을 수습하고, 명확한 방향을 제시할 수 있을 것인가. 유권자들은 혼란 속에서도 점차 '질서 회복'과 '지도자의 결단력'을 핵심 기준으로 삼기 시작했고, 이는 곧 대선 판도의 주도권을 둘러싼 정당 간 전열 정비와 후보 구도의 재편으로 이어졌다.
　특히 이재명 정부가 등장할 수 있었던 배경은 이전과 다른 정치적 힘의 공백에서 비롯되었다. 기존의 보수 진영은 리더십의 붕괴로 혼란에 빠졌으며, 진보 진영 역시 뚜렷한 구심점을 찾지 못하고 있었다. 국민의힘과 더불어민주당 모두 새로운 정치적 프레임을 설정하기 위한 분주

한 움직임을 보였다. 이 과정에서 국민들은 보다 명확한 비전과 강력한 리더십을 요구하기 시작했다.

윤석열 전 대통령 탄핵 정국은 곧바로 차기 대권 구도에 중대한 변곡점을 만들어냈다. 특히 2024년 12월 14일, 국회가 대통령 탄핵소추안을 가결한 직후 이재명 후보의 지지율은 가시적인 상승세를 보이기 시작했다. 그전까지 뚜렷한 대안으로 떠오르지 못했던 그는, 헌정 위기 국면에서 유권자들이 찾는 '안정된 대체자'로 주목받았다.

2025년 4월 4일, 헌법재판소가 윤 대통령의 파면을 최종 확정하자 이재명 후보의 지지율은 과반을 돌파하며 본격적인 선두 주자로 자리매김했다. 이후 대선 공식 선거운동이 시작되자 그는 TV 토론과 지역 유세를 통해 정책 비전을 강하게 드러냈고, 지지율은 안정적으로 유지되거나 추가 상승하는 추세를 보였다.

이 지지율의 궤적은 단순한 인기의 곡선이 아니었다. 그것은 한 사회가 정치적 불신과 제도적 붕괴의 시간을 통과하며, 새로운 리더십을 찾아가는 집단적 선택의 기록이었다. 윤석열 전 대통령의 탄핵과 그 후속 여파는 기존 정치권에 대한 근본적인 회의감을 자극했고, 유권자들은 단순한 정권 교체를 넘어 정치 질서 자체의 재편을 요구하기 시작했다.

윤석열 전 대통령 탄핵과 그 후속 여파는 국민들에게 기존 정치에 대한 회의감을 심어주었고, 정치 지형 재편을 요구하는 강력한 동력이 되었다. 그 혼란의 틈, 바로 그 공간에서 이재명이라는 인물은 단순한 대안이 아닌, 새로운 시대를 여는 중심으로 떠오르기 시작했다.

윤석열 전 대통령의 탄핵 결정은 단순히 한 정치인의 몰락을 넘어, 대한민국 정치의 근본적인 전환점으로 작용했다. 그러나 이 사건이 곧바로 이재명 대통령의 승리로 이어진 것은 아니다. 오히려 윤석열의 몰락은 정치적 혼란과 공백을 초래했고, 이 틈새를 누가 채울 것인지에 대한 치열한 경쟁이 벌어졌다.

당시 정치권은 크게 분열되어 있었다. 윤석열 전 대통령의 지지층은 큰 혼란에 빠졌고, 보수 진영 전체가 리더십 부재와 전략적 공백 상태에 놓였다. 한편 더불어민주당은 이 상황을 기회로 인식했지만, 내부적으로 다양한 계파와 인물 간 갈등이 표면화되면서 하나의 방향으로 집중되지 못했다. 결국 이재명이 이 상황에서 두각을 나타낼 수 있었던 이유는 그의 명확한 메시지와 강력한 리더십 때문이었다.

이재명 대통령은 취임 직후부터 '통합'과 '회복'을 핵심 기조로 내세우며 새로운 국정의 방향을 명확히 했다. 그는 "모든 국민을 아우르고 섬기는 '모두의 대통령'이 되겠다."라고 선언하며 분열된 정국을 봉합하고자 하는 의지를 드러냈고, "분열의 정치를 끝낸 대통령이 되겠다. 국민 통합을 동력으로 삼아 위기를 극복하겠다."라는 메시지를 통해 자신의 정치적 리더십이 갈등의 조정자임을 강조했다. 동시에 그는 민생과 경제 위기 대응에도 강한 드라이브를 걸었다. "불황과 일전을 치르는 각오로 비상경제대책TF를 바로 가동하겠다."라는 발언은 집권 초 경제 회복을 최우선 과제로 삼겠다는 분명한 신호였다. 정의롭고 유연한 실용정부를 지향하는 그의 초기 메시지는 국민 통합과 민생 회복이라는 두 축을 중심으로 위기 시대의 리더십을 설계해가겠다는 정치적 청사진이기도 했다.

이재명은 혼돈의 정치 지형 속에서 '민생'과 '공정'을 전면에 내세웠다. 그는 국민들에게 구체적이고 피부에 와닿는 정책 비전을 제시했고,

이는 정치적 불확실성에 지친 국민들의 마음을 움직였다. 또한, 그는 과거 성남시장과 경기도지사 시절의 성공적인 정책 실행 경험을 적극적으로 활용하여 국민적 신뢰를 구축했다.

결국 윤석열의 몰락은 직접적으로 이재명의 기회가 되었다기보다는, 이재명이 국민들에게 자신의 정치적 역량과 비전을 더욱 강렬히 전달할 수 있는 환경을 제공한 것으로 보는 것이 타당하다.

"대선은 싸움이 아니라 구조다"
이재명 부상과 파열음

2025년 대통령 선거는 표면적으로 후보들 간의 경쟁으로 보였지만, 실제로는 깊이 있는 정치적 구조 싸움이었다. 이재명 진영은 기존의 정치적 관행과 선거 전략을 뛰어넘어 철저한 구조적 분석을 중심으로 치밀하게 준비했다. 특히 유권자들의 분노와 냉소를 정치적 동력으로 전환시키는 데 집중하며, '선거는 인물 싸움이 아니라 구조적 환경 싸움'이라는 점을 전략적 명제로 삼았다.

이재명 캠프의 선거 전략은 표 계산에 능한 정무 참모 몇 명이 꾸린 게임의 승리 방정식이 아니었다. 오히려 그것은 위기 상황에서 정치가 무엇을 해야 하는가에 대한 실질적인 응답이자 설계도에 가까웠다. 캠프는 선거 초반부터 세 가지 키워드를 중심에 두었다. '정치적 안정', '사회적 통합' 그리고 '경제적 회복'. 이 키워드들은 이재명을 만든 '말'이지만, 그는 이 키워드를 현실 안에서 구현해냈다.

─── 정치적 안정 – 광장에서 시스템으로

이재명이 정치적 안정의 얼굴로 부상한 결정적 순간은, 아이러니하게도 국정의 가장 불안정한 시점이었다. 윤석열 대통령의 탄핵 정국이 본격화되던 2024년 12월, 정치권은 권력 공백과 여론의 분열 속에서 극심한 혼란을 겪었다. 거리에선 시위가 벌어졌고, 금융시장은 요동쳤다. 각 당은 전략 없는 입장문만 반복하던 때, 이재명은 누구보다 먼저 "비상경제대책TF를 즉시 가동하겠다."라고 선언했다.

그는 권력의 진공을 권위가 아닌 '운영력'과 '계획력'으로 채워야 한다는 입장을 분명히 했고, 바로 그 점에서 다른 후보와 확연히 구분되었다.

성남시장 재임 당시 6,600억 원이 넘는 시 채무를 임기 내 전액 상환하며 판교특별회계를 흑자로 전환시킨 경험은 단순한 재정 관리 능력이 아니라 '정치의 안정성'이 결국은 시스템에 있다는 사실을 증명한 사례였다. 정치가 혼란할수록, 이재명은 그 안에서 '설계자'의 태도를 취했다. 그는 평소 캠프 내부에서도 "정치는 욕먹는 기술이 아니라 시스템을 안정시키는 기술"이라고 자주 말하곤 했다.

─── 사회적 통합 – 분노가 아닌 배려의 정치

이재명은 늘 '강성 이미지'와 '말의 힘'으로 회자되어왔지만, 실제 행정에서는 다층적인 통합 정책을 앞세운 경우가 많았다. 대표적인 예가 성남시와 경기도에서의 무상교복 전면 도입이다. 그는 이 정책에 대해 "부유하든 가난하든 교복은 똑같은 옷을 입는 것, 그것만큼 상징적인 평등은 없다."라고 설명했다. 이는 단순한 복지 정책이 아닌, 계층 간 거리감을 줄이는 사회 통합의 시도였다.

또한 경기도지사 시절에는 전국 최초로 공공건설 원가와 계약 정보를 전면 공개하며 이해관계가 충돌하는 집단 간 갈등을 최소화했다. 그가 지향한 통합은 '대화와 타협'이라는 미사여구보다도, 시민들이 공정하다고 느낄 수 있는 조건들을 행정으로 구현하는 것이었다.

이러한 태도는 탄핵 이후 극단적으로 분열된 유권자들 사이에서 설득력을 얻었다. 그는 유세장에서 "나는 국민을 갈라먹는 정치를 하지 않겠다. 모두를 섬기는 대통령이 되겠다."라고 말했고, 실제 선거전에서도 좌우 진영 구분 없이 '실용'과 '포용'을 키워드로 한 메시지를 내보냈다. 그에게 '통합'이란 단어는 슬로건이 아니라 기술이었다. 타협이 아니라, 정책 설계의 균형점이었다.

─ 경제적 회복 – 위기 대응은 숫자로 말한다

이재명이 위기 대응형 행정가라는 평판을 확립한 것은 경기도지사 시절, 코로나19 사태 때의 지역화폐 전방위 확산 조치에서 비롯된다. 그는 전국에서 가장 먼저 지역화폐 인센티브 10% 지급을 결정했고, 이를 통해 골목상권 소비를 견인했다. 지역화폐는 결국 4조 원 이상 발행되며, 민간 중심 소비의 흐름을 정부가 질서 있게 유도하는 모델로 자리잡았다.

이후 공공배달앱 '배달특급'을 개발하며 민간 플랫폼의 독점 구조에 대응한 것도 주목할 만한 전략이다. 이재명은 이 앱을 통해 중소 자영업자에게 돌아가는 몫을 늘리고, 지역 내 소득 순환 구조를 설계했다. 단순히 '소상공인 보호'를 외친 것이 아니라, 그 보호의 방식이 시장 경쟁 속에서 어떻게 가능해지는지를 제도적으로 제시한 것이다.

선거 전략에서도 이런 방식은 그대로 투영되었다. 그는 "경제는 선심이 아니라 구조 설계"라는 말을 반복하며, 유세에서조차 세금 배분 방식과 재정 조정 원칙을 구체적으로 설명했다. 이를 두고 정치권 일각에서는 "토론회에서 경제 과외를 한다."라는 비아냥도 있었지만, 결국 유권자들은 이성적으로 설계된 경제 전략에 반응했다.

그의 지지율이 헌법재판소의 탄핵 결정 이후 50%를 넘긴 것도, 이와 무관하지 않다. 이재명 캠프는 선거를 정파적 대결이 아닌 국가 비전 경쟁의 장으로 재설정하려 했다. 그 중심에는 단순 구호가 아닌, 그가 실제로 구현해온 행정의 궤적과 경험의 데이터가 있었다. 정치적 안정은 시스템으로, 사회적 통합은 정책 설계로, 경제 회복은 구조 설계로 증명할 수 있다는 믿음. 그것이 이재명이 선택한 길이었다. 그리고 이 세 가지 키워드는, '위기의 시대'에 유권자들이 찾던 정치의 새로운 설계자에게 표심을 모으는 강력한 동력이 되었다.

그러나 내부적으로 동력을 모으는 과정은 원만하지 않았다. 이재명 후보의 전략적 명료성과 강력한 리더십이 때로는 독단적이라는 비판을 받으며 캠프 내부에서 상당한 파열음을 만들어냈다. 특히 캠프 내에서 세대 간, 지역 간 접근 방식의 차이로 인해 갈등이 지속되었다. 이 갈등은 전략 회의에서 격렬한 논쟁과 감정적 충돌로 이어졌지만, 최종적으로 이재명의 강력한 리더십과 분명한 목표의식 아래 통합될 수 있었다.

결국 선거 결과는 이러한 구조적 접근법이 효과적이었음을 입증했다. 이재명은 혼란스러운 정치적 상황에서 전략적으로 유리한 구조를 창출해 국민들의 지지를 끌어내며 당선에 성공했다. 이 과정에서 드러난 전략적 사고와 내부 갈등 극복 경험은 향후 이재명 정부의 국정 운영 과정에서도 중요한 지침이 될 것이다.

복지 실험실에서 국정의 전면으로
이재명의 정치적 DNA

이재명 대통령의 정치적 정체성은 거창한 이념보다는 집요한 실천의 누적 위에서 형성되었다. 성남시장 시절부터 경기도지사에 이르기까지, 그의 행정은 언제나 '실용'과 '재정기반 복지'라는 두 축 위에서 움직여 왔다. 그것은 정권을 잡기 위한 수사적 복지와는 결이 다른, 다소 거칠고 때로는 논쟁적인 방식의 정책 실험이었다.

―― **성남 청년들을 위한 파격적인 투자**

2010년부터 2018년까지 이어진 성남시장 재임 시절, 그는 전국 최초로 '청년배당'을 도입했다. 만 24세 청년에게 분기당 25만 원을 지역화폐로 지급하는 이 제도는 '기본소득형 복지'라는 새로운 개념을 대중적으로 확산시키는 기점이 되었다. 이와 함께 무상교복 정책, 성남시의료

원 건립 추진 등 복지 전선을 넓혔지만, 재정 건전성을 해치지 않았다. 오히려 그는 성남시 채무 6,642억 원을 전액 상환하고, 판교특별회계를 흑자로 돌리며 재정관리 능력을 각인시켰다. '무상' 정책과 '채무 0' 선언이 공존할 수 있다는 사실은 이재명식 행정의 가장 역설적인 성과였다.

—— 도시 개발, 공공 환수, 그리고 대장동

성남시 제1공단 부지 100% 공원화, 위례·백현동 도시재생, 행복주택 공급 등 도시정책 역시 강한 행정력이 기반이었다. 특히 대장동 공영개발 사업은 5,503억 원의 공공이익을 환수했다는 점에서 한때 개혁의 상징이었으나, 현재는 특혜 의혹으로 인해 정치적 논쟁의 중심에 서 있다. 이재명의 업적과 리스크가 어떻게 교차하는지를 상징적으로 보여주는 장면이다.

—— 경기도, 복지를 시스템으로 만들다

2018년부터 경기도지사로 일한 그는 성남에서의 실험을 광역 행정으로 확장시켰다. '경기청년기본소득', 무상교복 전 도 확대, 산후조리비 지급 등은 단순 복지정책이 아니라 기초소득 기반의 분권형 복지모델 구축을 향한 시도였다. 공공버스 노선입찰제, 농촌 100원 택시, M-버스 좌석예약제 같은 교통 개혁은 수도권과 농촌 간 이동 격차를 줄이는 데 실질적 기여를 했다. 또한 GTX, 8호선 연장 등 광역철도망 구축 계획은 그의 정책이 일관된 생활기반 중심이라는 점을 보여준다.

── 경제의 해법은 '공정'과 '투명'

이재명식 경제정책의 핵심 키워드는 '지역화폐'와 '플랫폼 공공화'다. 경기도는 그가 재임한 기간 동안 4조 원 이상 규모의 지역화폐를 발행했고, 공공배달앱 '배달특급'을 통해 민간 독점 구조를 견제하려 했다. 공공건설 원가와 계약 내역을 전면 공개한 것도, 건설업계의 관행적 부패 고리를 끊기 위한 시도였다. 실제로 이 조치 하나로 약 1,200억 원의 재정 절감 효과를 얻었다는 평가는, 행정의 디테일이 어떻게 구조적 비용을 바꿀 수 있는지를 보여준다.

── 행정의 정당성은 '투명한 시스템'에서

시장 직인 사용 내역, 업무추진비, 회의록을 실시간으로 공개한 성남시 행정은 정보공개의 수준을 바꿔놓았다. 경기도지사 시절에는 온라인 도민청원, 청년배심원단, 공정특별사법경찰단 등 직접민주주의적 실험이 도입되었다. 지방행정에서 '통치의 얼굴'이 아니라 '제도의 구조'를 바꾸겠다는 시도는 이재명이라는 정치인이 단지 인기 정책에 기댄 인물이 아니라, 거버넌스를 새롭게 설계하려는 정치공학자임을 암시한다.

── 결국, 그는 무엇을 남겼는가

청정계곡 프로젝트, 미세먼지 대응, 재생에너지 보급 등 환경·안전 정책도 놓치지 않았다. 그러나 이 모든 성과의 공통점은 한 방향을 향하고 있다. '공정한 분배, 실질적 평등, 재정 기반의 지속가능성'이라는 현실적 가치들. 그는 말보다 데이터를 선호했고, 비전보다는 설계를 말하는 정치인이었다. 대중은 때로 그를 과격하다고 느꼈지만, 그가 남긴 행정의 궤적은 한 가지 메시지를 일관되게 향하고 있다. "국가는 잘 설계된 행정으로 움직여야 한다."라는 것이다.

이재명 대통령의 정치적 정체성은 성남시장과 경기도지사 시절을 통해 확립되었다. 성남시장 재임 당시 그는 강력한 추진력과 명확한 성과 중심의 리더십을 선보였다. 특히 복지정책의 획기적인 전환을 가져온 청년배당과 무상교복 정책은 그의 실용적이고 혁신적인 접근 방식을 잘 보여주는 사례였다.

경기도지사로 재임하면서 이재명은 '기본소득'과 '지역화폐'를 도입하며 전국적 관심을 불러일으켰다. 지역화폐 활성화는 지역 경제를 살리는 동시에 소상공인과 자영업자의 경쟁력을 높였으며, 기본소득은 사회안전망 확충과 경제 선순환 구조 창출에 기여했다. 그는 도지사로서 단순히 정책을 제안하는 데 그치지 않고, 강력한 실행력과 확실한 성과로 자신의 리더십을 증명했다.

이재명의 이러한 정치적 DNA는 명확한 문제 인식과 현실적 해결책에 초점을 맞춘 실용주의로 요약할 수 있다. 그는 기존 정치권의 관행에서 벗어나 직접적인 성과와 국민의 삶의 질 개선을 최우선으로 삼았다. 그 결과 그의 정책들은 시민들에게 즉각적인 체감 효과를 제공했고, 이를 통해 지지자들의 두터운 신뢰를 쌓을 수 있었다.

이재명은 실험실을 거쳐 청와대로 향했다. 그리고 이제, 그가 설계한 정책들이 '국정'이라는 이름으로 작동할 준비를 마쳤다. 이러한 리더십 실험은 이후 그가 대통령직을 수행하는 데 있어 중요한 원칙과 방향성을 제시하고 있다. 이재명의 성남과 경기도에서의 경험과 성공 사례는 앞으로 이재명 정부가 추진할 다양한 정책들의 성공 가능성을 평가하는 중요한 지표가 될 것으로 보인다.

'공정'과 '민생'
두 가지 이름의 전쟁터

이재명 대통령의 정책 비전은 단순한 슬로건이나 구호를 넘어선다. 그의 정치 철학은 '현장의 분노를 제도에 반영하는 기술'이며, '감각이 아니라 구조로 문제를 풀겠다'는 방식이다. 그런 점에서 공정과 민생은 그에게 있어 정치적 수사 이상의 실천 과제였고, 그 실천은 곧 정책 구조의 정교화로 이어졌다.

그는 '공정'과 '민생'이라는 두 축을 중심으로 정책 프레임을 설계해왔다. 전자가 불평등의 구조적 원인을 제어하는 규범적 정책이라면, 후자는 불평등의 결과를 완충하고 삶의 기반을 복원하는 조정적 정책이다. 두 축은 따로 놓여 있지 않다. 공정한 룰 없이는 민생이 무너지고, 민생의 피로는 곧 공정에 대한 신뢰를 해친다. 이재명 정부는 이 둘을 동시에 정비하겠다는 선언에서 출발했다.

── 공정 – 시장의 룰을 다시 세우는 재건 작업

이재명이 말하는 '공정'은 정서적 요구에 호소하는 개념이 아니다. 그

것은 철저히 제도 설계의 문제로 접근된다. 특히 부동산, 채용 비리, 공정거래 분야는 불평등의 출발 지점으로 간주되며, 집중 개혁의 대상으로 설정되었다.

이재명 정부의 부동산 정책은 한마디로 요약하면 "가격을 제어하며 공급을 늘리는 것"이다. 부동산 투기 억제를 위해 다주택자에 대한 세제 강화, 공시지가 현실화, 거래 투명성 확보 등을 추진하는 한편, 실수요자 중심의 주택 공급과 전·월세 계약 안정화를 병행하고 있다. "토지와 주택을 자산이 아니라 주거의 수단으로 되돌리겠다."라는 메시지는, 단순한 가격 안정이 아니라 부동산 시장의 근본 구조 재설계를 시도하겠다는 의지를 담고 있다.

특히 채용 비리는 한국 사회의 신뢰를 갉아먹는 대표적 불공정 사례였다. 이재명 대통령은 이를 '기회의 불공정'이라 명명하며, 공공기관을 중심으로 블라인드 채용 전면 도입, 공정채용법 제정, 채용과정 전면 공개 등을 추진해왔다.

공정은 결과의 평등이 아니라 기회의 대칭성에서 시작된다는 그의 신념은, '출발선이 같은 나라'를 만들겠다는 실천 계획으로 연결되었다.

이재명은 공정거래법 강화를 통해 강자에게 책임을 묻는 시장을 만들고자 했다. 시장경제를 옹호하면서도 그 안의 '사적 권력의 독점'을 경계하는 태도 역시 이재명의 일관된 입장이다. 대기업의 납품단가 후려치기, 골목상권 진입, 플랫폼 수수료 문제는 오랜 시간 동안 방치된 구조였다. 그는 공정거래법을 손질해 시장 지배적 사업자의 남용을 억제하고, 소상공인 보호 장치를 강화하겠다는 입장을 지속적으로 밝혀왔다.

이 과정에서 대기업과 플랫폼 기업의 이익 일부를 소비자·소상공인·지역경제로 환류시키는 구조를 제안했으며, 이는 곧 '배달특급' 같은 공공 플랫폼 실험으로 이어졌다.

── 민생 – 소득과 소비의 균형을 복원하는 구조 개혁

이재명 대통령은 민생 문제를 '구조적 빈곤'이 아니라 '정책적 무관심의 결과'라고 본다. 그의 접근은 복지 확대보다는 '소득 흐름의 회복'과 '소비 여건의 개선'에 초점을 맞추며, 이를 위해 기본소득, 지역화폐, 소상공인 지원 정책이 핵심 기둥으로 제시된다.

먼저 이재명식 기본소득은 단순한 현금 복지가 아니다. 그는 "소득불평등은 결과가 아니라 구조적 문제"라고 지적하며, 기초적 소비 기반이 무너질 경우 시장이 작동할 수 없다는 관점에서 기본소득을 추진해왔다.

경기도지사 시절 24세 청년에게 연 100만 원을 지역화폐로 지급했던 경험은, 이재명식 기본소득이 단순한 '현금 나눠주기'가 아니라 경제 선순환을 위한 마중물 설계임을 보여주는 실험이었다. 중장기적으로 그는 기본소득을 소득세 체계와 연결해 점진적으로 확대하는 구조적 모델을 제안하고 있다.

특히 지역화폐는 이재명 정치의 대표 브랜드 중 하나다. 소비자에게 10% 인센티브를 제공함으로써 소비를 지역 내에서 순환시키고, 대기업 중심의 자본 집중을 완화하려는 시도였다. 실제로 경기도에서만 4조 원 이상의 지역화폐가 발행되었으며, 골목상권과 재래시장의 매출 증가로 이어졌다는 평가를 받는다. 지역화폐는 '공정한 소비권'과 '민생 회복'

을 동시에 달성하는 실험이었다. 단기 경기부양책이 아니라 소비 구조를 지방 중심으로 재설계하려는 정책철학의 표현이었다는 점에서 주목할 만하다.

소상공인·자영업자 그리고 소비자의 공생을 위한 생태계가 필요했다. 코로나19로 직격탄을 맞은 소상공인과 자영업자를 위한 정책 또한 이재명 정부의 핵심 민생 과제였고, 이재명은 6조 원 규모의 특례보증 지원, 세제 혜택 확대, 저리 금융 프로그램 도입 등으로 고통받는 자영업자의 회복을 뒷받침했다.

중소상공인을 단순한 취약 계층이 아니라 '시장 구조의 기초를 이루는 생활 경제의 주체'로 바라본 시선은 기존 정부들의 지원 방식과 차별화된다. 이는 그가 강조하는 '실용적 포퓰리즘'의 전형적인 사례다. 표를 얻기 위해 지원하는 것이 아니라, 시장 자체가 유지되려면 지원이 필수적이라는 판단이었다.

이재명 대통령의 공정·민생 정책은 강한 어조와는 달리, 정교한 구조 설계에 기반한다. 공정은 제도의 투명성으로, 민생은 소득과 소비의 흐름으로 복원해야 한다는 철학이 관통하고 있으며, 단기적 인기보다는 중장기 구조 개혁에 방점이 찍혀 있다. 그의 정책들은 하나의 공통된 질문에서 출발한다. "국가는 약자를 어떻게 보호할 것인가?"가 아니라, "국가는 어떻게 공정한 질서를 만들고 유지할 수 있는가?" 이재명식 정치의 '공정과 민생'은 바로 그 질문에 대한 가장 실무적인 대답이다.

이재명 대통령이 내세운 두 가지 정치적 가치는 단순히 정치적 슬로건에 그치지 않고 그의 정책 결정과 정부 운영의 중심축이 되었다. 하지만 이 가치들은 실제 정치적 현실 속에서 치열한 전쟁터를 방불케 하는 갈등과 논쟁의 중심이 되기도 했다.

'공정'이라는 가치는 사회 전반에 만연한 불평등과 특권의식을 타파하겠다는 이재명의 신념을 반영했다. 그는 '기회는 공평하고, 과정은 공정하며, 결과는 정의로운 사회'를 만들겠다는 의지를 반복적으로 밝혔다. 이러한 공정의 가치는 부동산 정책, 채용 비리 근절, 공정거래법 강화 등의 구체적인 정책으로 연결되었지만, 기득권층과의 치열한 마찰을 불러일으켰다.

한편, '민생'이라는 가치는 국민의 생활을 실질적으로 개선하고자 하는 이재명의 실용주의적 정책을 상징했다. 코로나19 팬데믹으로 타격을 입은 소상공인과 자영업자를 위한 지원 정책, 기본소득 도입, 지역화폐 활성화 등 민생 중심 정책들은 큰 호응을 얻었지만, 재정 건전성 악화와 포퓰리즘 논란이라는 반발에 직면하기도 했다.

이재명 대통령이 두 가지 가치 사이의 균형을 잡는 일은 결코 쉽지 않을 것이다. 정책 추진 과정에서의 사회적 갈등과 정치적 반대는 끊이지 않을 것이며, 이 과정에서 이재명 정부는 때로는 타협을, 때로는 강력한 결단을 내려야 할 것이다. 그 결과 '공정'과 '민생'이라는 전쟁터에서 이재명 정부가 보여줄 행보는 향후 한국 정치에서 중요한 선례로 남을 것이다.

제2부
국가를 설계하는 자

설계를 넘어 개혁으로 가는 전략 지도

만성 불경기의 시대
이재명식 민생 해법은 무엇인가?

　이재명 정부가 출범한 뒤 가장 강조한 것은 단순한 '지표상의 경제 성장'이 아니라 국민 생활 전반에서 체감할 수 있는 변화였다. 이재명 대통령은 취임사에서 "민생의 든든한 기반을 마련해야 진정한 경제 발전이 가능하다."라고 역설하며, 지금껏 정부가 소홀히 했던 골목 경제와 서민 생활의 '현장성'을 국정 전반으로 끌어올렸다.
　그 결과, 민생 위기 타개를 위한 경제 정책 기조는 '국가가 적극 개입해 국민의 삶을 실질적으로 보장한다'는 대통령의 철학을 바탕으로 설계되었다. 소상공인·자영업자 지원과 지역화폐 확대 정책은 이러한 철학의 대표 사례로 꼽힌다. 이하에서 이 전략의 구체적 내용과 지속 가능한 경제 구조로 이어지는 가능성을 살펴보자.

─── 소상공인·자영업자 지원 - 단순한 돈이 아닌 '경제 선순환' 투자

　이재명 정부는 소상공인과 자영업자를 위한 지원을 단순한 경제적 지원이 아니라 경제 선순환 구조의 핵심으로 바라보았다. 팬데믹으로 타격을 입은 소상공인과 자영업자들은 지역 경제를 지탱하는 중추적인 역할을 하기 때문이다. 이들에게 집중된 금융 지원과 세제 혜택은 일시적 구호책이 아니라 장기적인 경제 안정화 전략의 일환이다. 이재명 정부는 이를 '국가가 지켜야 할 중요한 방어선'으로 규정하고, 2025년 소상공인 지원 예산을 전년 대비 대폭 확대할 예정이다.

구분	예산
정책자금 융자	2조 5,000억 원
희망리턴패키지	1조 2,000억 원
지역상권활력사업	8,000억 원
기타 지원 프로그램	4,000억 원
총액	4조 9,000억 원

Fig 02. 2025년 소상공인 지원 예산 배정 현황
(자료 출처: 중소벤처기업부 2025년도 예산 및 기금 사업설명자료)

원안에 따르면 총 4조 9,000억 원 규모의 예산이 소상공인과 자영업자를 지원하기 위해 책정됐다. 이 가운데 2조 5,000억 원은 정책자금 융자로서, 사업체가 폐업 대신 사업 확장을 시도할 수 있도록 보다 저렴한 금리와 유연한 상환 조건을 제공한다. 또한 1조 2,000억 원은 '희망리턴패키지'라는 이름으로, 부득이하게 문을 닫아야 하는 사업주들이 재기를 위한 최소한의 방안을 마련하도록 설계됐다.

정부는 여기서 더 나아가, 1조 5,700억 원의 추가경정예산을 편성해 '소상공인 부담경감 크레딧' 사업을 펼친다. 연 매출 3억 원 이하의 소상공인 약 311만 명에게 1인당 최대 50만 원의 크레딧이 지급되며, 이는 공공요금·사회보험료 등 고정비 부담을 완화해 단순한 현금 지원을 넘어 소비 활성화를 이끄는 선순환 효과를 창출할 것이다.

이재명 대통령은 "이재명 정부의 지원은 일시적 구호 자금이 아니라, 지역 경제를 끌어올리는 동력이 되어야 한다."라고 강력하게 말했으며, 이처럼 소상공인·자영업자 중심으로 예산을 재편한 것은 경제 구조상의 취약 지점을 단기 처방이 아닌 장기적 투자 대상으로 바라봤다.

―― **지역화폐 확대 – 골목상권 생태계 복원 프로젝트**

지역 내 소비가 원활하게 돌면, 자연스레 지역 경제에 활력이 생긴다. 이재명 대통령이 앞장서 추진해온 지역화폐 정책은 바로 이 효과를 노렸다.

연도	발행액	이용액
2020	5,000억 원	4,500억 원
2021	7,500억 원	7,000억 원
2022	9,000억 원	8,500억 원
2023	10,500억 원	10,000억 원
2024	12,000억 원	11,500억 원

Fig 03. 경기도 지역화폐 발행 및 이용 현황
(자료 출처: 경기도 지역화폐 발행 및 이용 현황 데이터)

데이터를 보면, 2020년 5,000억 원이었던 경기도 지역화폐 발행액이 2024년에는 1조 2,000억 원으로 껑충 뛰었다. 이용액 역시 같은 기간 4,500억 원에서 1조 1,500억 원으로 늘어났다. 이재명 대통령의 지향점은 "지역 내에서 생산된 가치가 외부로 빠져나가는 대신, 한 번 더 지역 안에서 돌도록 하자"는 것이다.

실제로 지역화폐 덕분에 전통시장·골목상권 매출이 꾸준히 상승곡선을 그렸다는 분석이 나온다. 소상공인들은 지역화폐가 지급되면 외식·장보기 등 실생활 소비로 이어지는 빈도가 높다며 긍정적으로 평가한다. 이는 곧 고용 안정성 확보, 지역 상권의 경쟁력 강화로 연결되어 '지역경제 생태계'를 복원하는 선순환을 일으켰다.

이재명 대통령이 펼치는 민생 경기 회복 정책을 단순히 '복지성 지원'으로만 보는 시각도 있지만, 핵심은 '함께 사는 사회를 만들기 위한 경제 구조 개혁'이라는 데 있다. 과거에는 대기업 중심의 지표 성장에 치중해, 실제 서민 생활 개선이 더딘 경우가 많았다. 그러나 이재명 정부는 지역화폐·소상공인 투자 같은 '풀뿌리 경제' 강화 정책으로 민생 안정이 곧 거시경제의 기틀이 된다는 사실을 부각했다.

무엇보다 이재명 대통령이 강조하는 것은 '국가가 책임져야 할 경제 영역이 분명히 존재한다'는 점이다. 국민 각자가 자립하고 동시에 연대할 수 있도록, 즉 복지와 성장의 조화를 이룰 수 있는 구조를 갖추는 것에 대한 의지를 꾸준히 피력해왔다. 대통령 취임사에서도 "한 사람의 실패가 사회 전체의 패배로 이어지지 않도록 돕는 일이 국가의 역할"이라고 역설한 바 있다.

이런 기조는 단기적으로는 정부 지출이 커질 수 있다는 비판을 감수해야 한다. 그러나 이재명 대통령은 정책 발표에서 "민생을 돌보는 것이야말로 가장 확실한 투자"라는 입장을 거듭 강조했다. 위험과 불안을 정부가 방치해두면 장기적으로 더 큰 사회적·재정적 비용을 치르게 된다는 생각에서다.

정부의 적극적인 개입이 시장 왜곡을 초래할 것이라는 우려도 있지만, 이재명 정부는 이를 장기적 복지 모델의 토대로 삼으려 한다. 지역화폐나 소상공인 지원이 단기 처방에 그치지 않고 경제 체질을 강화한다면, 결국 중·장기적으로 재정 건전성에도 긍정적으로 작용하리라는 게 정부의 입장이다.

순환 구조는 어렵지 않다. 지역 내 소비가 늘면 골목상권이 살아나고,

이는 곧 고용 창출로 이어진다. 소상공인에게 안정 자금을 지원하면 부도를 막고 재기를 도우며, 이는 새로운 성장 동력을 확보하는 기반이 된다. 이러한 선순환 구조가 지속된다면, 대기업이나 외국 자본에 의존한 불안정한 성장 대신 생활 밀착형의 지속 가능한 경제 모델이 자리잡을 수 있을 것이다.

이재명 대통령이 내세우는 '국민주권'은 경제 영역에서 유독 강조되는 가치다. 소상공인·자영업자 지원, 지역화폐 활성화 같은 정책들은 촘촘하게 짜인 사회안전망을 만드는 실험이자, 국민 스스로 지역과 경제를 풍요롭게 만들 수 있도록 기반을 닦는 시도다.

민생을 붙잡는 일이야말로 현재의 불안정한 시대에 꼭 필요한 해법이라는 점에서, 이재명 정부의 경제 정책이 추구하는 가치는 분명하다. 이 전략이 지속 가능한 경제 구조로 자리 잡으려면, 재원 조달·행정 효율·국민적 합의 같은 현실적 과제를 해결해야 한다. 그러나 "민생 없이는 경제 발전도 없다."라는 대통령의 신념이 과연 성과로 이어질 것인지는, 앞으로의 경제 지표뿐 아니라 국민이 체감하는 삶의 질 개선에서 가늠할 수 있을 것이다.

── 기본소득 – 복지인가, 포퓰리즘인가?

이재명 정부가 제안한 기본소득 정책은 출범 초기부터 한국 사회에 뜨거운 논쟁의 불씨를 지폈다. 누구에게나 똑같은 금액을 지급한다는 이 파격적 발상은 전통적인 복지제도의 패러다임을 바꿀 수 있다는 기대와 동시에, 막대한 재정 부담을 유발할 것이라는 우려를 동시에 낳았다.

이재명 대통령은 기본소득을 단순히 "국가가 지급하는 수당이 아니라, 모든 국민이 존엄을 지킬 수 있도록 제도적 토대를 마련하는 것"이라고 강조해왔다. 실제로 대통령은 취임사에서도 "사회적 안전망을 확충하고 국가가 국민의 삶을 책임지는 새로운 시대를 열겠다."라는 포부를 밝힌 바 있다. 이는 이재명 정부가 내놓은 정책들이 단순히 재정적 계산만으로 결정된 것이 아니라, 인간이 존엄을 지킬 최소한의 권리를 국가 차원에서 보장하겠다는 분명한 의지에서 비롯된 것이다.

구분	주요 근거	응답 비율
찬성	인간 기본권 유지	48.2%
	사회 양극화 해소	20.8%
	소비 증가→경제 활성화	15.5%
반대	재정 건전성 악화	37.4%
	근로 의욕 저하 · 도덕적 해이	31.9%
	증세 부담	23.5%

Fig 04. 기본소득 찬반 의견 주요 근거
(자료 출처: 정부 및 각종 여론조사 종합)

기본소득 찬성 근거는 크게 세 가지로 요약된다. 첫째, 인간의 기본권을 유지한다는 점(48.2%)을 최우선 가치로 삼는다. 둘째, 빈부 격차와 사회 양극화를 완화(20.8%)할 수 있다는 기대가 높다. 셋째, 소비가 늘어날 경우 경제가 선순환 구조를 형성(15.5%)할 수 있다는 점이다. 반면 반대 근거로 재정 건전성 악화를 가장 큰 문제(37.4%)로 지적하며, 근로 의욕이 약해져 발생할 수 있는 도덕적 해이(31.9%), 결국은 세금 부담이 증가할 수밖에 없다는 점(23.5%) 등을 들어 기본소득 정책에 대해 우려하고 있다.

기본소득에 대한 사회적 수용도는 세대별로 큰 격차를 보인다. 2022년 1월 우리리서치 조사에 따르면, 20대와 30대는 대체로 반대 의견이 우세했다. 특히 20대의 경우 찬성이 33.0%에 불과한 반면, 반대는 60.7%에 달했다. 30대 역시 찬성 33.5%, 반대 58.2%로 유사한 양상을 띠었다.

반면 50대에서는 찬성 53.4%, 반대 42.4%로 오히려 찬성이 우세했고, 40대와 60대 이상은 찬반 비율이 비슷하게 갈렸다. 이를 통해 젊은 세대가 생각하는 재정적 보수성, 혹은 국가 정책에 대한 불신을 무시해선 안 된다는 점을 알 수 있다.

구분	20대	30대	40대	50대	60대 이상
찬성	33.0%	33.5%	46.3%	53.4%	44.3%
반대	60.7%	58.2%	45.7%	42.4%	45.3%

Fig 05. 세대별 기본소득 찬반 비율
(자료 출처: 2022년 1월, 우리리서치)

이처럼 이재명 정부의 핵심 정책 중 하나인 기본소득에 대해서는 세대마다 각기 다른 기대와 우려가 존재한다. 젊은층에게는 막대한 재원을 조달해야 한다는 부담이 크게 작용하며, 어느 세대보다 '희생'을 피하고 싶어 하는 목소리가 높게 나타난다. 그러나 40대, 50대는 해당 제도를 통해 기존 복지 체계에서 미흡했던 부분이 보완될 수 있다고 판단해 긍정적 평가를 내린 것으로 보인다.

이재명 대통령은 경기도지사 시절부터 기본소득 정책을 꾸준히 언급해 왔다. 이러한 정책 노선이 실제로 2030세대 지지율에 어떤 영향을 미쳤는지 살펴보면, 그 흐름 역시 단순하지 않다.

2021년 3월 말부터 5월 말까지 18~29세 지지율은 10%에서 18%로 8% 상승한 반면, 30대 지지율은 28%에서 26%로 소폭 하락했다. 이 수치는 기본소득에 대한 2030세대 내부의 인식이 획일적이지 않다는 사실을 시사한다. 즉, 기본소득을 '새로운 기회'로 보는 시각과, '정부의 책임 방기'라는 비판적 태도가 뒤섞여 있다는 의미다.

시기	18~29세	30대
3월 말	10%	28%
5월 말	18%	26%
변화(Δ)	+8%포인트	-2%포인트

Fig 06. 이재명 대통령의 2030세대 지지율 변화 (2021년 3~5월)
(자료 출처: kpinews.kr, 이재명 청년층 지지율 변화 분석)

대통령이 취임사에서 강조한 "국민 모두가 더 나은 삶을 영위하도록 국가는 적극적인 역할을 해야 한다."라는 메시지는 이런 지지율 변화를 일정 부분 뒷받침한다. 단순히 기본소득을 표를 얻기 위한 '포퓰리즘'으로 치부하기에는, 이재명 대통령의 철학과 정책 기조가 기존 복지제도와 경제정책에 대한 근본적 혁신을 꾀하고 있기 때문이다.

기본소득이 성공적으로 정착될지는 정치적·재정적·문화적 변수에 달려 있다는 데에는 대다수 전문가가 동의한다. 그러나 이 논의가 '복지냐 포퓰리즘이냐'라는 단편적 대립을 넘어, 국가가 설정해야 할 '삶의 최소 기준'을 어디까지 볼 것인가 하는 근본적 가치관의 문제로 귀결된다는 점은 분명하다.

이재명 정부가 강조하는 핵심은, 모든 국민이 최소한의 경제적 안전망을 갖출 권리가 있다는 믿음이다. 이를 위해서는 재정 확보와 제도 설계가 뒷받침되어야 하며, 동시에 국민적 동의가 필수적이다. 특히 이재명 대통령이 줄곧 역설해온 '함께 사는 공동체'에 대한 비전이 실제 정책으로 연결되기 위해서는, 사회적 합의 과정에서 다양한 이해관계를 조정해야 한다는 과제를 안고 있다.

앞으로도 기본소득이 재정·근로 의욕·도덕적 해이 문제를 어떻게 극복하고, 동시에 '삶의 최소 기준'을 보장하는 제도로 자리 잡을 수 있을지에 대한 본격적인 논의는 계속될 전망이다. 분명한 것은, 이 정책을 둘러싼 가치와 철학은 이재명 정부가 추구하는 핵심 방향이자, 이재명 대통령이 제시한 미래 국가 비전 가운데 하나라는 점이다.

—— 부동산 시장 - 국가가 개입하면 벌어지는 일

부동산 시장에 대한 국가 개입은 언제나 뜨거운 이슈였다. 이재명 정부 역시 예외는 아니었다. 이재명 대통령은 취임사에서 "집 걱정 없는 나라가 되어야 진정한 국민주권 시대가 완성된다."라고 강조하며, 과열된 부동산 시장을 방치하기보다 적극적으로 개입해 시장 안정화를 꾀하겠다는 의지를 밝혔다.

이 같은 국정철학은 과거 정부의 수요 억제 중심 부동산 정책과는 다르게, 공공주택 확대와 임대차 보호 강화, 투기 근절 같은 직접 개입책으로 구체화됐다. 대통령은 "부동산만큼은 적절한 공공 개입이 필요하다."라는 시각을 거듭 표명해 왔으며, 이를 통해 주택 안정성을 확보하고 서민부터 중산층까지 폭넓게 혜택을 누릴 수 있도록 하겠다고 내세웠다.

이재명 정부의 선택은 주택 공급 계획에서도 파격적이었다. 정부에서 발표한 대표적인 부동산 정책 중 하나는 임기 내 전국에 311만 호의 주택을 공급한다는 것이다. 이재명 대통령은 이전 정부에서 이미 발표했던 206만 호에 추가로 105만 호를 더하겠다는 청사진을 제시했다.

구분	공급 목표(단위: 호)
기존 정부 발표	206만
추가 공급	105만
총계	311만

Fig 07. 이재명 정부의 주택 공급 목표
(자료 출처: 연합뉴스, "이재명 311만호-윤석열 250만호 공급…전문가 '실현 가능성은?'")

추가 물량 105만 호는 서울 48만 호, 경기·인천 28만 호, 비수도권 29만 호로 지역별 균형 배분을 고려했다. 이는 도심 주거 환경을 개선하고, 수도권 집중 현상을 완화하겠다는 목표가 깔려 있다. 이렇듯 대규모 공급 계획이 발표되면서, 주택 매물 부족으로 인한 가격 폭등을 억제하고 장기적인 주거 안정성을 확보하겠다는 정부 의지가 재차 강조됐다.

그러나 정책 의도와 달리, 최근 주택 인허가·착공·분양 실적 지표는 다소 부진한 흐름을 보이고 있다. 2025년 1~4월 누계 기준, 인허가가 전년 동기 대비 12.2% 줄었고, 착공은 33.8%, 분양은 41.0% 각각 감소했다.

구분	실적(가구)	증감률(전년 동기 대비)
인허가	90,014	-12.2%
착공	59,065	-33.8%
분양	41,685	-41.0%

Fig 08. 2025년 1~4월 누계 주택공급 지표
(자료 출처: 뉴시스, "실수요자 중심 주택 공급 확대…치솟는 집값 잡힐까?")

　일부 전문가들은 정부가 임대차 보호 강화, 부동산 투기 억제에 초점을 맞추면서 민간 건설사의 투자 의욕이 위축됐다고 분석한다. 설령 공공주도로 공급 계획을 추진하더라도, 민간 개발이 충분히 활성화되지 않으면 당초 목표했던 공급 물량을 제때 달성하기 어려울 수 있다는 우려가 제기되는 것이다.

　시장 가격에 대한 여론도 '잡힌다'와 '요동친다'로 나뉜다. 정부의 공급 확대 발표와는 반대로, 서울 아파트 가격은 계속 오름세를 그리고 있다. KB부동산에 따르면, 2025년 5월 기준 서울 아파트 평균 매매가는 13억 4,543만 원으로 한 달 만에 1,577만 원이 오르며 시장 불안을 드러냈다. 더구나 서울 상위 20% 아파트의 평균 매매가는 최초로 30억 원을 돌파해 30억 942만 원을 기록하기도 했다. 한국주택연구원 부동산시장 분석팀은 "공급 자체는 장기적 영향이지만, 시장의 기대 심리는 즉각적으로 변동한다."라고 전했다.

　이는 이재명 정부의 공급 정책이 당장 가격 안정으로 이어지지 않고, 수요·공급 균형이 맞춰지는 시점까지 가격 변동이 계속될 것임을 시사한다. 단기적 가격 상승 압력과 장기적 공급 확충 계획이 충돌하면서, 시장은 갈피를 잡기 어려운 모습을 보이는 셈이다.

초유의 전세 사기 사태 앞에 임대차 보호 강화 이슈도 언급했다. 이재명 대통령은 임대차 보호법 개정을 통해 세입자 권리를 확실히 보장하겠다고 선언했다. 계약갱신청구권과 전·월세 상한제 등을 통해 보유자 중심이었던 시장 구조를 수요자 중심으로 전환하려 한 것이다. 의의는 주거 약자 보호, 과도한 전·월세 상승 방지, 주거 안정성 확보에 있었지만, 한계 또한 명확했다. 임대인들의 신규 계약 선호, 월세 전환 가속화 가능성, 전세 물건 부족 심화 등의 문제가 여전히 존재하기 때문이다.

주택 공급이 지연되고 임대차 규제가 강화되면 오히려 전세 공급 축소로 이어질 수 있어, 주거 비용이 전반적으로 상승하는 부작용도 우려된다. 이는 정부가 의도한 '누구나 안정적으로 거주할 수 있는 환경'을 구현하는 과정에서, 시장 왜곡을 어떻게 최소화할 것인지에 대한 숙제를 남긴다.

'적절한 개입'이냐 '과도한 개입'이냐 하는 갑론을박도 이어지고 있다. 이재명 정부의 부동산 개입이 단기적으로 혼선을 빚고 있다는 지적은 피하기 어렵다. 311만 호 공급이라는 공격적인 목표와 임대차 보호 강화가 동시에 추진되면서, 시장 참여자들은 기대감과 불안감을 모두 느끼는 상황이다. 정부는 "적극적인 시장 개입 없이는 부동산 불안을 해소할 수 없다."라는 논리를 앞세우지만, 민간 분야에서는 "시장 기능을 위축시켜 장기적으로 공급 부족을 심화시킬 우려가 있다."라는 반론도 크다.

결국, 이재명 대통령이 바라보는 핵심은 "국가가 적정 수준에서 주거권을 보장해야 한다."라는 것이다. 취임사에서 강조했던 "주택은 투기 수단이 아니라 국민이 누려야 할 기본권"이라는 메시지는, 향후 정책 기조가 어떻게 전개될지를 예고하고 있다. 관건은 국가 개입이 '지속 가능한 안정화'로 귀결되느냐, 아니면 '시장 교란'으로 이어지느냐에 달려 있다고 볼 수 있다.

이재명 정부의 부동산 정책은 이제 곧 시험대에 오를 예정이다. 이재명 대통령이 주거 안정을 최우선 국정과제로 두겠다고 천명하면서, 부동산 정책이 임기 전반에 걸쳐 평가될 예정이다. 공격적 공급 계획과 임대차 제도 개편, 투기 근절 정책이 시장 체질 개선을 불러올지, 아니면 시장을 더 뒤흔드는 결과를 가져올지에 대한 평가는 아직 알 수 없다.

분명한 사실은, 부동산 정책이 서민·중산층의 삶과 직결되는 만큼, 단기 성과를 넘어 장기적 부작용까지 면밀히 따져봐야 한다는 점이다. 이재명 정부가 강조하는 '적극 개입'이 가격 안정과 주거권 보장을 모두 실현하게 될지, 시장의 반응은 여전히 뜨겁게 들여다보고 있다.

100조 투자의 정체
대한민국 산업의 판을 바꾸다

이재명 정부는 총 100조 원 규모의 투자를 통해 대한민국 산업 구조의 근본적 전환을 목표로 하고 있다. 과거 재벌·수출 중심의 산업 기조를 넘어, AI, 재생에너지, 콘텐츠, 방위산업 등 미래 지향적 분야에 집중 투자한다는 것이 핵심 구상이다. 이를 통해 기존 산업의 경쟁력을 강화하고 새로운 일자리를 창출하겠다는 구상인데, 그 효과와 실현 가능성에 대해서는 여전히 논란이 뜨겁다. 이재명 대통령은 취임사에서 "국가가 투자하지 않으면 불가능한 혁신이 있다. 우리는 지금 그 혁신의 물결로 산업 지형을 뒤바꿀 때다."라고 전했다.

—— AI 고속도로 - 과연 국가 먹거리가 될 수 있을까?

AI는 이미 글로벌 차원에서 미래 성장 동력으로 인정받고 있다. 이재명 정부는 AI를 국가 전략 산업으로 선정해, 향후 5년간 총 100조 원을 AI 기술 개발·인프라 구축·인력 양성에 투입한다는 계획을 내놓았다. 구체적으로는 AI 데이터센터 건설을 통한 'AI 고속도로' 구축, 고성능 GPU 5만 대 이상 확보, NPU(신경망처리장치) 국산화와 AI 반도체 기술 개발 등의 세부 실행안을 제시했다.

이재명 정부는 'AI 육성 종합계획'을 통해 인프라, 기술, 인재를 아우르는 전방위 투자에 나섰다. 고성능 GPU 5만 대를 확보하고, AI 데이터센터 구축과 NPU 국산화에 속도를 내는 한편, AI 반도체·알고리즘·빅데이터 처리 기술 등 핵심 기술의 연구개발도 병행하고 있다. 인재 양성 분야에서는 AI 단과대학 신설, 초·중등 교육과정에 디지털 튜터 도입, 해외 우수 인재 유치를 위한 비자 규제 완화와 처우 개선 등이 추진되고 있다. 전국 주요 대학에는 'AI 기본 역량센터'가 설립되어, 교육과 연구의 기반을 강화하는 데 주력하고 있다. 정책의 속도와 방향은 명확하지만, 실제 성과로 이어질지는 여전히 검증이 필요한 과제로 남아 있다.

이재명 대통령은 취임사에서도 "최신 기술에 대한 선제적 투자는 미래 경제의 초석"이라며, AI 분야 선점을 국가 핵심 과제로 선언했다. 그러나 국내에서는 전문 인력 부족과 높은 기술 장벽, 민간 기업과의 긴밀한 협력 문제 등이 현실적 과제로 지적된다. 실제로 AI 산업은 초기 투자 비용이 막대하고, 연구개발 성과가 당장 단기에 나타나기 쉽지 않다. 민간 기업과 스타트업이 활발히 움직여야 AI 생태계가 살아나는데, 정부 주도 투자만으로 산업 전반을 이끌 수 있을지에 대해서는 회의적인 시각이 적지 않다. 또한 고용 창출 효과 역시, 고급 인력이 필요한 첨단 산업 특성상 대규모 일자리로 바로 이어지긴 어렵다고 지적한다.

── 재생에너지 고속도로 - 혁신일까, 허상일까?

이재명 정부가 집중하는 또 다른 축은 재생에너지 산업이다. '재생에너지 고속도로'라 불리는 이 프로젝트는 태양광·풍력 등 친환경 발전 단지를 대대적으로 구축하고, 전국을 연결하는 송전망 인프라를 확장하는 것을 골자로 한다. 이재명 대통령은 국회 시정연설 가운데 지속 가능한 에너지 체계를 마련하지 못하면, 미래 산업의 경쟁력은 반쪽이 될 수밖에 없다고 언급한 바 있다.

재생에너지 종류	주요 계획	예상 투자액
태양광	대규모 발전 단지 건설, 농촌 태양광 보급	약 30조 원
풍력	해상·육상 풍력 단지 확대	약 20조 원
송전 인프라	전국 통합 전력망 구축	약 10조 원

Fig 09. 재생에너지 고속도로 투자 개요
(자료 출처: 이재명 정부 재생에너지 육성 종합 로드맵)

에너지 안보와 기후 위기 대응을 동시에 충족하겠다는 목표는 긍정적으로 평가받는다. 그러나 초기 투자비가 워낙 막대하며, 풍력·태양광 특유의 간헐성을 어떻게 보완할지, 송전망 건설 과정에서의 지역 주민 갈등을 어떻게 해결할지 등의 과제도 만만치 않다.

재생에너지 산업이 한국 경제와 에너지 구조를 근본적으로 바꿀 수 있을까? 회의론자들은 "선진국도 해결하지 못한 에너지 저장(ESS) 문제, 간헐성 문제를 단시간 내에 해결하기 어렵다."라고 지적한다. 또한 대규모 인프라 건설이 필요한 만큼, 환경영향평가와 지자체·주민 이해관계 조율에 막대한 시간이 소요될 수 있다.

그럼에도 이재명 정부는 "탄소 중립과 에너지 자립도 확립 없이 미래 산업 경쟁력도 없다."라는 주장을 거듭 내세우고 있다. 단순히 원전을 줄이거나 늘리는 선택이 아니라, 새로운 에너지 패러다임을 본격적으로 갖추겠다는 뜻이다.

결국, 100조 원 투자에 대한 평가는 장기적 시각에서 이뤄질 수밖에 없다. AI 산업과 재생에너지 둘 다, 초기에 거대한 비용과 기술적 난관이 따르지만, 성공적으로 안착한다면 국가 경쟁력에 막대하게 기여할 잠재력이 존재한다.

이재명 정부는 AI 산업과 재생에너지 전환을 국가 성장 전략의 핵심 축으로 제시하며 대규모 투자를 단행하고 있다. 고성능 GPU와 데이터 센터, AI 반도체 등 첨단 기술 인프라를 확충하고, 재생에너지 보급을 통해 산업 에너지 비용을 낮추며 탄소배출을 줄이겠다는 계획이다. 성공할 경우 한국은 '첨단기술 수출국'으로 도약하고, 일자리와 벤처 생태계 활성화라는 부수적 효과도 기대된다.

그러나 리스크도 명확하다. 막대한 예산 투입에도 불구하고 기술력과 인재 확보에 실패하거나, 민간 투자 유치가 저조할 경우 정책 지속성이 흔들릴 수 있다. 특히 재생에너지의 간헐성 문제와 에너지 수급 불안정은 산업계의 반발과 사회적 갈등을 초래할 가능성도 있다.

결국 이 전략이 기회가 될지, 부담이 될지는 기술 개발, 재정 집행, 민간 협력의 실행력에 달려 있다. 이재명 대통령은 "혁신의 골든타임을 놓치면, 우리 경제는 선진국과 기술 격차를 더욱 극복하기 어려워진다."라고 말하며 고강도 투자를 정당화하고 있다. 이재명 정부의 이 파격적 베팅이 새로운 '먹거리' 창출로 이어질지, 아니면 과도한 국가 개입으로 끝날지에 대한 판단은 시간에 따라 달라질 것이다.

대한민국이 신산업 중심의 새 판을 구상하는 데 있어, 이재명 대통령은 과감한 국가 개입과 대규모 재정을 지렛대로 삼고 있다. AI·재생에너지 등 글로벌 경쟁이 치열한 분야에 선제적으로 뛰어드는 전략은, 발 빠른 움직임이 없으면 결국 뒤처진다는 미래 비전에서 비롯됐다.

다만, 100조 원이라는 막대한 자금이 실제로 목표하는 결과를 낼지는 여전히 미지수다. 초반에는 기대감이 높을 수 있으나, 실제 현장 적용과 기술·인력 확보 과정에서 나타나는 여러 장벽을 극복해야 한다. "과연 이 투자가 혁신으로 이어질 것인가, 아니면 허상으로 끝날 것인가?"라는 질문은, 앞으로 몇 년 동안 한국 산업 지형도의 변화를 지켜보며 평가될 것이다.

―― **K-콘텐츠 - 문화에서 무기까지, 수출의 숨겨진 계산서**

이재명 정부는 K-콘텐츠와 방위산업을 미래 성장의 핵심 축으로 설정했다. 이재명 대통령은 "문화와 기술을 결합해 국가 경쟁력을 높이는 것이 곧 새로운 시대의 산업 전략"이라고 강조하며, 기존 제조업 중심의 경제 틀을 넘어 다양한 분야로 산업 저변을 확대하고 있다.

2023년 기준 K-콘텐츠 산업 규모는 약 791억 달러에 달하며, 같은 해 수출액은 약 132억 달러로 이차전지(100억 달러), 전기차(98억 달러) 등 주요 제조업 수출 품목을 뛰어넘었다. 2021년 수출액 124.5억 달러에서 2023년 132억 달러로 증가하며 연평균 약 10%의 성장률을 기록했으며, 2026년까지도 연 4.26% 수준의 안정적 성장세가 지속될 것으로 전망된다.

이는 한류 드라마, K-POP, 게임, 웹툰 등 다채로운 콘텐츠가 글로벌 팬덤을 구축하고 있어 가능해진 결과다. 이재명 대통령은 문화산업 육성 브리핑에서 "문화는 경제와 외교의 경계를 잇는 다리가 된다. 우리 콘텐츠가 세계를 매료시키면, 국가 브랜드 가치도 함께 뛴다."라고 연설하며, K-콘텐츠의 중요성을 주장했다.

통계에 따르면 K-콘텐츠 수출이 1억 달러 증가할 때마다, 관련 소비재 수출이 1억 8,000만 달러 증가하고, 2,982개의 일자리가 창출되는 등 막대한 경제적 파급 효과를 낳는다고 한다. 이재명 정부가 "K-콘텐츠는 우리의 미래 먹거리"라는 기조를 지속적으로 피력하는 이유다.

세계를 대상으로 문화를 팔고 있는 대한민국은 한편, 이제 세계 10위권의 무기 수출국으로 떠오르고 있다. 대표적으로 한화에어로스페이스는 폴란드와 92억 달러 규모의 K9 자주포 공급 계약을 체결했고, KAI는 필리핀에 7억 달러 규모의 FA-50 전투기 12대를 공급하는 등 대형 계약이 잇따라 성사됐다.

기업/기관	수출 대상국	계약 규모	주요 무기체계
한화에어로스페이스	폴란드	92억 달러	K9 자주포
KAI	필리핀	7억 달러	FA-50 전투기 12대

Fig 10. 주요 방위산업 수출 사례
(자료 출처: 로이터 통신, 기업 발표 자료 등)

단순히 무기를 파는 데 그치지 않고 현지 생산과 기술 이전을 포함한 전략적 파트너십 형태로 발전하는 점도 주목된다. 이는 한국 방위산업이 글로벌 시장에서 경쟁력뿐 아니라 우호적 외교 관계를 형성하는 자산으로 활용되고 있음을 의미한다.

이재명 정부는 현재, 콘텐츠를 뜻하는 '소프트 파워'와 방위산업을 뜻하는 '하드 파워' 투트랙(Two Track) 전략을 취하고 있다. 이는 경제 성장을 넘어 전략적 외교 수단으로서의 가치도 지닌다. 콘텐츠를 통해 해외 소비자들의 문화적 친밀감을 끌어내고, 동시에 방위산업을 통해 안보 협력과 시장 지배력을 확장하는 셈이다.

그러나 이런 급성장 뒤에는 숨겨진 계산서가 있다는 지적도 나온다. K-콘텐츠의 취약점, 즉 저작권 보호, 수익 구조 확보, 해외 플랫폼 의존도 문제를 보완해야 한다는 점. 그리고 해외 군사 갈등 상황에서의 '중립성' 논란과 무기 수출에 따른 역내 긴장 증가 가능성에 대한 문제도 있다. 다시 말해, "문화산업에서 나오는 부가가치를 더 높이려면, 창작자 처우 개선과 지식재산권 확충이 뒤따라야 한다."라는 요구와 방위산업 역시 "단순 매출 증대 이상으로 국제사회적 책임과 윤리적 이슈를 어떻게 감당할 것인가"라는 고민이 큰 실정이다.

이재명 대통령은 "문화와 기술을 결합한 창조적 산업 구조가 대한민국의 미래 성장 모델"이라는 뚜렷한 입장을 유지해왔다. K-콘텐츠와 방위산업 모두 글로벌 무대에서 한국의 위상을 높이고, 경제 성과는 물론 전략적 외교에도 기여하고 있다는 데 이견은 적다.

관건은 이러한 급성장 기조가 얼마나 지속 가능하냐는 점이다. 엔터테인먼트 분야는 트렌드 변화에 빠르게 대응해야 하고, 방위산업은 국제 정세와 윤리적 문제를 항상 함께 고려해야 한다. 이재명 정부가 앞으로도 정책적 지원과 제도 보완을 얼마나 안정적으로 이어 갈 수 있느냐가, 대한민국이 이 두 전략을 장기적 경쟁력으로 발전시킬 열쇠가 될 것이다.

금융시장 개조 프로젝트
돈의 규칙을 바꾼다

이재명 정부는 출범과 함께 '금융시장의 구조적 안정성과 투명성을 높이겠다'는 포부를 밝혔다. 이재명 대통령은 "과거 수출·제조 중심의 경제 패러다임에서 벗어나, 금융을 한국 경제의 또 다른 성장 엔진으로 키워야 한다."라는 철학을 거듭 강조해왔다. 그 결과, 자본시장 규제 완화·기업 지배구조 개선·투자자 보호 강화라는 세 가지 정책 축을 기반으로 대대적 금융시장 개혁을 추진 중이다.

이 개혁의 대표적 상징이 바로 '코스피 5,000' 목표다. 이재명 정부는

2025년부터 2030년까지 단계적으로 코스피 지수를 끌어올리겠다는 계획을 내놓았다.

── '코스피 5,000'이라는 시험

연도	목표 지수	전년 대비 증감률
2025	3,300	-
2026	3,800	+15.1%
2027	4,400	+15.8%
2028	4,700	+6.8%
2029	4,900	+4.3%
2030	5,000	+2.0%

Fig 11. 2025~2030년 코스피 지수 목표 시나리오
(자료 출처: 이재명 정부 '코스피 5,000 달성 로드맵')

이렇게 시장 활성화를 통한 지수 목표치 제시는 과감한 규제 완화와 기업 지배구조 개혁을 전제로 한다. 정부는 상장 규정 완화, 공시제도 간소화 등 자본시장 유입 장벽을 낮추겠다고 공언했지만, 이를 두고 "낙관적인 숫자에 의존하는 것 아니냐?"라는 비판도 만만치 않다.

정부는 기업 공개(IPO) 절차 간소화와 세제 지원 방안을 마련해 신규 상장 기업 수를 늘리겠다는 전략도 내놨다.

연도	목표 지수	전년 대비 증감률
2024	95	-
2025	110	+15.8%
2026	125	+13.6%
2027	145	+16.0%
2028	160	+10.3%

Fig 12. 2024~2028년 연간 IPO 증가 시나리오
(자료 출처: 금융위원회 발표)

이를 통해 2025년에는 110건(전년 대비 +15.8%), 2026년 125건 (+13.6%), 2027년 145건(+16.0%), 2028년 160건(+10.3%)으로 꾸준한 증가세가 예측된다. 새롭게 상장하는 기업들이 코스피·코스닥 시장에 활력을 불어넣고, 투자자들에게도 다양한 선택지를 제공한다는 취지다.

시장 개혁의 또 한 축은 해외 자본을 국내로 유인하는 것이다.

업종	비중
반도체	35%
이차전지	28%
금융업종	20%
바이오·제약	10%
기타 업종	7%

Fig 13. 2025년 상반기 외국인 투자 유입 업종별 비중
(자료 출처: 금융감독원 외국인 투자자 동향)

2025년 상반기 기준으로, 반도체(35%)와 이차전지(28%) 업종이 외국

인 투자금의 절반 이상을 가져갔다. 이재명 대통령은 "미래 핵심 기술 분야에서 해외 자본을 적극 끌어들여, 국내 기업 경쟁력과 산업 생태계를 강화해야 한다."라고 강조했다. 다만, 특정 업종에 자금이 쏠리는 현상이 심해질 경우, 나머지 산업계가 소외될 우려가 있다는 지적도 동시에 나온다.

이재명 정부가 금융시장 '개조'를 선언한 배경에는, 부동산·제조업 편중 경제 구조를 완화하고, 선진 금융시장으로 도약하고자 하는 의지가 깔려 있다. 국가가 제도적 지원과 규제 완화를 병행한다면, 코스피 지수 상승과 기업 자금 조달 원활화라는 긍정적 효과가 기대된다.

그러나 이를 장밋빛 전망으로만 볼 수 없다는 점에서, 시장 안팎의 경계도 크다. 코스피가 5,000 포인트까지 상승하려면 국제 금융환경 안정과 기업 실적 개선이 필수적이지만, 이 변수들은 정부 정책만으로 완벽히 통제하기 어렵다. 한편, 과도한 투자 활성화가 버블 위험을 키우거나, 단기 투기 자본의 급격한 유출입으로 시장이 흔들릴 수 있다는 우려도 제기된다.

이재명 대통령은 금융시장 개혁을 통해 한국 경제 체질을 바꾸겠다는 구상이다. IPO 절차 간소화와 해외 자본 유치 같은 정책들이 단기 성과를 나타낼 가능성도 있지만, 궁극적으로 코스피 5,000 목표가 실현될지는 글로벌 경기 상황과 정책 집행력에 좌우될 전망이다.

'시장 개조'라는 대대적 구호가 성공하기 위해서는, 투자자 보호 강화 등 안정장치 마련이 뒤따라야 한다. 금융혁신이 자본을 끌어들이면서 동시에 투명성을 유지할 수 있을지, 이재명 정부의 '돈의 규칙 바꾸기' 프로젝트는 이제부터가 본격적인 시험에 들게 된다.

원스트라이크 아웃제 - 누구의 목을 겨누는가?

금융시장을 향한 이재명 정부의 메시지는 단호하다. 이재명 정부가 금융시장의 공정성과 투명성을 높이겠다며 꺼내 든 칼이 바로 원스트라이크 아웃제다. 이 제도는 기업이 불공정 행위나 위법 행위를 한 번이라도 저지르면, 즉각적으로 강력한 제재를 받도록 설계되었다. 이재명 대통령은 "단 한 번의 위법 행위도 용납하지 않는다."라는 분명한 신호를 주어, 기업의 도덕적 해이를 근본적으로 막고 시장 신뢰도를 끌어올리겠다는 의지를 밝혔다.

연도	위법 행위 건수	증감률
2024	280	-
2025	220	-21.4%
2026	160	-27.3%
2027	140	-12.5%
2028	120	-14.3%

Fig 14. 원스트라이크 아웃제 도입 후 기업 위법 행위 건수 변화 시나리오
(자료 출처: 이재명 정부 금융시장 개혁 정책 시뮬레이션)

정부 시뮬레이션에 따르면, 2024년 280건 수준이었던 기업 위법 행위가 원스트라이크 아웃제 도입 직후인 2025년에는 220건으로 21.4% 감소할 것으로 예상된다. 이후에도 매년 조금씩 줄어들어, 2028년에는 120건(-14.3%)까지 떨어질 전망이다. 이는 엄격한 제재가 기업의 준법 의식을 높일 수 있다는 정책 당국의 기대를 뒷받침한다.

그러나 부작용에 대한 우려도 적지 않다. 원스트라이크 아웃제 도입

에 대해 기업의 투자 심리는 어떻게 변할까?

연도	투자 심리 지수(100 기준)	증감률
2024	95	-
2025	85	-10.5%
2026	82	-3.5%
2027	80	-2.4%
2028	83	+3.7%

Fig 15. 기업 투자 심리 지수 변화 시나리오
(자료 출처: 산업연구원 기업 투자 심리 조사)

2025년 투자 심리 지수는 85로 전년 대비 10.5% 급감하며, 2026년 82(-3.5%), 2027년 80(-2.4%)로 추가 하락이 예상된다. 제도가 어느 정도 안정화되는 2028년이 돼서야 83(+3.7%)로 소폭 회복될 것으로 보인다. 이는 강력한 규제가 기업 활동을 위축시키고, 리스크를 회피하려는 분위기가 확산될 수 있음을 시사한다.

이재명 정부가 원스트라이크 아웃제를 도입한 배경에는, 한국 금융 시장을 투명하게 만드는 동시에 글로벌 신뢰도를 높이겠다는 의도가 깔려 있다. 이재명 대통령은 "금융 부정과 불공정 관행이 방치된다면, 경제 활력을 유지하기 어렵다."라고 말하며 제도의 필요성을 역설했다.

하지만 한 번의 실수만으로도 시장 참여가 제한될 수 있다는 점은, 기업들로 하여금 공격적 투자나 혁신적 시도를 주저하게 만들 수 있다. 전문가들은 "투명성 강화와 기업 활력 사이에서 정교한 완급 조절이 필수적"이라고 지적한다.

정리해보자면, '원스트라이크 아웃제'의 성패는 실행력에 달렸다고 봐야 한다. 원스트라이크 아웃제가 실제로 기업들의 불공정 행위를 근절하고 금융시장 전반의 신뢰를 높이는 데 성공할지, 아니면 투자 심리를 억누르고 경제 활동을 경직시킬지는 정책 집행 과정에 달려 있다고 해도 과언이 아니다.

지나친 경직성을 피하기 위해서는, 위법 행위 유형이나 처벌 강도에 대한 세부 기준이 명확해야 한다는 지적이 많다. 금융 당국이 어느 선까지 유연성을 확보하고, 또 어느 선에서 엄정함을 유지할지가 이 제도의 성패를 가르는 결정적 요인이 될 전망이다.

── 자본의 주인 - 기업은 누구의 것인가?

자본시장에서 '자본의 주인'이 누구인지, 또한 기업의 지배구조가 어떻게 설정되어야 하는지는 현대 경제에서 늘 뜨거운 이슈다. 이재명 정부는 기업 지배구조를 전면 재점검해 자본시장의 투명성을 높이고, 기업 활동이 더 넓은 이해관계자들의 이익을 고려하도록 유도하겠다고 선언했다. 기업 지배구조 개선 정책 발표 가운데 이재명 대통령은 "소수의 대주주나 경영진이 기업 자원을 독점적으로 통제하지 못하도록 제도적으로 규제해야 한다."라고 전했다. 또한 이재명 대통령은 소액주주 권리 강화와 기업 경영의 투명성 제고를 핵심 정책으로 내세우며, 불투명한 지배구조가 불러올 부정 의혹이나 이해충돌을 사전에 차단하겠다고 밝혔다.

정부는 소액주주가 기업 의사결정 과정에서 실질적인 발언권을 행사할 수 있도록 의결권 제한 완화, 주주대표소송 활성화 등 제도적 개선책을 마련했다. 이를 통해 경영진과 대주주의 일방적 의사결정이 아닌, 다양한 이해관계자의 의견이 반영되는 구조를 확립하겠다는 것이 정부의 의도다.

이재명 정부의 주요 기업 지배구조 개선 정책은 다음과 같다. 기업 지배구조 개선을 위해 소액주주의 권한을 확대하고, 경영의 투명성과 책임성을 강화하는 정책 추진을 계획하고 있다. 또한 의결권 제한 완화, 주주대표소송 활성화, 전자투표제 도입을 통해 주주의 참여를 넓히는 한편, 감사위원 분리 선출과 공시 강화 등으로 내부 통제를 강화하려고 한다. 여기에 종업원·소비자·지역사회 등 이해관계자의 권리를 기업 운영에 반영하고, ESG(환경·사회·지배구조) 경영을 독려하며 이해관계자 자본주의 실현을 위한 기반을 마련하고자 한다.

이처럼 이재명 대통령은 기업의 사회적 책임을 강조하며, 주주의 이익뿐 아니라 종업원·소비자·지역사회 등 다양한 이해관계자의 권리를 보호하는 것이 지속 가능한 경영의 핵심이라고 보고 있다. 이에 따라 ESG 경영을 적극 권장하고, 위반 시에는 강도 높은 제재를 가하는 방안을 검토 중이다. 시장 경쟁력을 유지하려면, 이제 단순 이윤 추구만으로는 안 되며, 사회적 책임을 다하는 기업이 글로벌 시장에서도 인정받을 수 있다고 이재명 대통령은 말한 바 있다.

우려의 목소리도 크다. 경제계 일각에서는 이런 규제가 기업 경영의 유연성을 해치고, 글로벌 경쟁력을 약화시킬 수 있다는 우려를 내놓는다. 대주주나 전문 경영진이 신속하고 과감한 의사결정을 내려야 하는데, 소액주주나 다양한 이해관계자에게 지나치게 많은 발언권을 부여하면 의사결정이 지체될 수 있다는 것이다.

또한, 지배구조 규제가 과도해지면 기업이 외국 자본에 매각되거나 해외에 본사를 두는 식으로 역외화를 선택할 가능성도 존재한다. 이는 장기적으로 국내 산업 생태계에 부정적 영향을 끼칠 수 있다.

　결국, 이재명 정부의 지배구조 개선 정책은 투명성과 효율성 사이에서 균형을 찾기 위한 과정으로 볼 수 있다. 소수 지배구조를 견제하면서도 기업의 경쟁력을 유지하기 위해서는, 유연한 제도 설계와 현장 목소리 반영이 필수적이다.

　이재명 대통령은 "단순히 기업을 규제하겠다는 것이 아니라, 모두가 공존하는 자본시장을 만들겠다는 것"이라고 거듭 강조한다. 과연 이러한 노력이 지속 가능한 발전을 이끄는 동력이 될지, 앞으로의 정책 집행 과정과 경제계 대응이 주목된다.

정치 개혁의 최후 전선
갈라진 사회를 다시 잇는다

　한국 사회가 정치적 양극화와 국민적 불신으로 깊은 갈등을 겪는 가운데, 이재명 정부의 최대 과제 중 하나는 갈라진 사회를 다시 잇는 것이었다. 이재명 대통령은 취임사에서 "정치권이 국민을 분열시키지 않고 통합의 길을 모색해야 한다."라고 강조하며, 단순한 제도 개혁을 넘어 사회적 통합을 이끌어내기 위해 검찰 개혁, 군의 문민화, 국회의원 국민소환제 등을 전면에 내세웠다.

── 검찰 개혁 - 정의인가, 복수인가?

이재명 정부의 개혁 방향은 간단하다. 검찰의 수사·기소 독점을 제한하고 권한 분산을 목표로 하며, 이를 위해 수사권과 기소권의 분리, 공수처 기능 강화 등의 제도 개편에 나설 예정이다. 궁극적으로는 검찰의 정치적 중립성과 권한 남용 방지를 제도적으로 확보하겠다는 방향이다. 이재명 대통령은 "검찰을 선출되지 않은 권력으로 방치해선 안 된다."라며, 시민들이 검찰을 견제할 수 있는 제도적 장치가 필요하다고 역설했다.

그러나 찬반 논란도 뜨겁다. 핵심은 이것이다. 개혁을 지지하는 쪽에서는 검찰 권한이 축소되어야 정치권 및 재계와의 결탁, 권력 남용을 막을 수 있다고 우려하며, 개혁에 반대하는 쪽에서는 수사·기소 분리는 검찰의 독립성을 훼손하고, 결국 정치적 보복의 수단으로 악용될 수 있다는 문제를 짚었다. 결국 검찰 개혁은 제도 자체의 설계보다, 정책 추진 과정의 공정성과 시민사회와의 소통이 더욱 중요한 시험대에 오를 것으로 평가된다.

── 군의 문민화 - 왜 위험한 개혁인가?

군의 문민화란, 군대 운영과 통제의 최종 권한을 민간 정부가 책임지고 행사하도록 하는 개혁을 말한다. 국방부, 합참, 각 군 간부의 임명과 승진 체계에서 민간인 지도부가 보다 결정적인 역할을 맡는 방식이다. 여기에는 두 가지 목적이 있다. 투명성 강화와 권력 분산이다. 군 내부의사결정과 권력구조를 민주적 절차로 재편해 투명성을 강화하는 한편, 군 상층부에 권한이 과도하게 집중하지 않도록 권력을 분산시키는 것이다. 이재명 대통령은 "국방 역시 국민의 통제를 받는 민주적 기관이어야 한다."라는 원칙을 내세우며, 군사력 운용의 효율성과 민주적 통제 사이의 균형점을 찾겠다고 밝혔다.

그러나 이 역시 찬반의 쟁점은 선명하다. 군의 독립적 권력을 억제하고, 국민적 신뢰 확보와 민주적 통제로 군 비리 및 특권 구조 해소라는 찬성의 목소리가 있는가 하면, 전문성 떨어지는 민간 지도부가 안보 위기 초래할 수 있으며 군사 효율성 훼손으로 전시 상황에서 지휘체계에 혼란을 가중할 수 있다는 반대의 목소리도 있다. 군의 문민화가 얼마나 정교하게 설계되고, 군 내부와 정치권·시민사회 간 소통이 얼마나 원활히 이뤄지느냐가, 최종 성공 여부를 좌우할 것이다.

── 국회의원 국민소환제 - 헌정사의 새 지평일까?

검찰 개혁과 군의 문민화 외에도, 국회의원 국민소환제가 큰 관심을 받았다. 이는 부적격 국회의원을 국민 투표로 임기 중간에 해임할 수 있도록 하는 제도다.

취지는 국회의원의 책임성을 높이고, 민심과 괴리된 의정 활동 방지하며, 의원 스스로 부패와 무능에 대한 경각심 강화하겠다는 것이다. 그러나 우려도 함께 공존하고 있다. 정쟁에 따른 무분별한 소환 운동이 남발될 위험이 있으며, 의원 개개인의 소신 입법이 위축될 수 있다.

이재명 대통령은 정부의 별칭인 '국민주권 정부' 이름 그대로, "국민이 최종 심판권을 가져야 한다."라며 국민소환제 도입을 강하게 추진해

왔으나, 아직 제도화 과정에서 법적·정치적 난관이 적지 않은 상황이다.

국회의원 국민소환제에 대한 찬반 여론조사도 실시됐다. 전국 유권자 1,000명을 대상으로 한국일보와 한국리서치가 2024년 12월 22~23일 진행한 여론조사에서, 찬성 92%, 반대 8%로 압도적인 찬성 의견을 확인한 바 있다.

국회의원 국민소환제는 국민이 직접 선출한 대표자를 임기 중에 국민의 의사에 따라 소환할 수 있도록 하는 제도로, 이재명 정부가 정치개혁의 핵심 과제로 내세웠다. 이와 관련하여 한국일보와 한국리서치에서 공동으로 진행한 2024년 12월 조사에 따르면 국민소환제에 대한 찬성 여론은 92%로 압도적이었다.

국가	도입 여부	적용 대상 및 조건
영국	도입	범죄로 실형 선고받은 의원 대상 유권자 10% 이상 서명 시 소환 투표 가능
대만	도입	국회의원 대상 일정 조건 하에 유권자 청구로 소환 투표 실시
베네수엘라	도입	모든 선출직 공무원 대상 정치적 혼란 사례로 지적

Fig 16. 국회의원 국민소환제 도입 국가 비교
(자료 출처: 대한경제포럼 경제 편집부)

국민소환제를 이미 도입한 영국은 범죄로 실형을 받은 의원에 대해 유권자 10% 이상의 서명으로 소환 투표를 실시하며, 대만과 베네수엘라 또한 유사한 제도를 운영 중이다. 특히 영국의 사례는 국민의 직접 참여를 통한 민주적 통제의 실효성을 보여주는 대표적인 예로 평가받는다.

이재명 정부는 국민소환제를 통해 국회의원의 정치적 책임성을 높이고, 국민의 직접적 정치 참여를 활성화하여 정치적 불신을 해소하려 했다. 이는 최근 정치적 불신과 무관심이 커져가는 상황에서 매우 시의적절한 조치로 평가받는다. 그러나 반대 측에서는 국민소환제가 정치적 안정성을 해치고 국회의원들의 인기영합적 행동을 조장할 수 있다고 우려했다. 특히 민감한 정치 이슈에 따라 단기적인 여론 변화로 인해 중요한 장기 정책이 좌초될 수 있다는 우려가 제기되고 있다. 국민소환제 도입은 대의제 민주주의의 근본 원칙을 흔드는 문제인 만큼, 장기적으로 민주주의 발전과 정치적 책임성의 균형을 찾는 데 핵심적인 과제가 될 전망이다.

제3부
2025-2030 시나리오

대한민국 경제, 살아남을 것인가?

경제 지표와 숫자가
모든 걸 말하진 않는다

　대한민국이 단순히 성장률만 높아서는 국민이 체감하는 삶의 질이 개선되지 않는다는 문제의식은 어제오늘 일이 아니다. 이재명 정부는 이러한 한계를 극복하기 위해, 속도와 승차감을 함께 보겠다는 이재명 대통령의 지시에 따라 전통 지표와 질적 지표를 병행 발표하는 새로운 체계를 도입했다. 전통 지표와 질적 지표란 무엇일까? 실질 GDP 성장률, 실업률, 물가상승률 등이 전통 지표에 속하며, 삶의 만족도, 소득 분배 지표(이하 Gini 계수), 사회적 이동성, 주거비 부담률 등이 질적 지표에 속한다.
　이재명 대통령은 "경제가 단순히 빠르게 달리는 것만 중요한 게 아니다. 국민들이 그 속도에서 받는 충격과 고통도 함께 살펴야 한다."라고 말한다. 이 관점에 따라 정책 당국은 기존 지표가 갖는 통계적 맹점을 보완하고, '국민이 실질적으로 체감하는 경제 상황'에 초점을 맞추겠다는 청사진을 내놓았다.
　여기에는 두 가지 시나리오가 존재한다. 글로벌 수요가 빠르게 회복하면 성장률이 3%대로 진입, Gini 계수가 0.33 수준까지 하락할 것이라는 낙관 시나리오. 그리고 금리·환율 충격이 지속되면 성장률이 2.2%에 머물고, 소득 불평등이 악화될 것이라는 비관 시나리오다.
　2024년엔 실질 GDP 성장률이 2.1%로 다소 부진했고, 소득 불평등을 나타내는 Gini 계수는 0.345, 삶의 만족도는 6.5점으로 집계됐다. 정부는 2025년부터 연간 0.2~0.3%포인트씩 성장률을 끌어올리면서, 소득 분배와 삶의 만족도도 함께 개선하는 것을 최우선 목표로 제시했다.

연도	실질 GDP성장률	Gini* 계수	삶의 만족도(10점 만점)
2024	2.1%	0.345	6.5
2025	2.4 ~ 2.8%	0.340 ~ 0.344	6.6 ~ 6.8
2026	2.6 ~ 3.0%	0.335 ~ 0.339	6.8 ~ 7.0

Fig 17. 이재명 정부 주요 경제 지표 기준 시나리오
*Gini 계수는, 경제적 불평등 또는 소득 불균형을 계수화한 것으로 불평등의 정도를 나타내는 통계학적 지수를 말한다.
(자료 출처: 이재명 정부 경제 지표 종합보고서)

현실에서는 GDP가 올라도 내 삶이 나아지지 않는다고 느끼는 사람들이 많다. '체감 격차'를 줄이기 위한 보완 지표가 필요한 이유다. 이에 이재명 정부는 경제 성과를 더욱 균형 잡힌 시각으로 평가하기 위해 사회적 이동성, 주거비 부담률, 청년 고용률 같은 보완 지표를 추가로 설정했다.

지표	2024년	2028년 목표
사회적 이동성 지수*	55	65
주거비 부담률**	22%	19%
청년 고용률(15~29세)	46%	50%

Fig 18. 2024~2028년 보완 지표와 목표
*사회적 이동성 지수는, 개인이 태어난 환경(가정·지역 등)에서 벗어나, 교육·취업·소득 면에서 자신의 위치를 개선할 수 있는 가능성을 말한다.
**주거비 부담률은, 가처분소득 대비 주거비가 차지하는 비중을 말한다.
(자료 출처: 대한경제포럼 경제 편집부)

사회적 이동성 지수는 2024년 55에서 2028년 65를 목표로 삼아, 계층 사다리가 복원되는 사회를 만든다는 취지다. 또한 주거비 부담률을 22%에서 19%로 낮추고, 청년 고용률을 46%에서 50%로 끌어올려 미래 세대의 삶의 기반을 강화하겠다는 계획이 구체화됐다.

숫자만으로는 부족하다. 왜일까? 숫자는 경제 상황을 진단하는 데 있어 필수적인 도구지만, 그것만으로는 사회의 실제 건강 상태를 온전히 보여주지 못한다는 지적이 이어지고 있다. 예컨대 경제 성장률이 2%대라고 하더라도, 상위 1분위와 하위 5분위 간 소득 증가폭이 크게 벌어질 경우, 하위층은 체감할 수 없는 경기 호황 속에 놓이게 된다. 실업률 역시 착시를 불러일으키기 쉽다. 비정규직, 초단시간 노동자, 구직을 포기한 단념층 등은 공식 실업 통계에 포함되지 않기 때문에, 특히 청년층과 여성층이 경험하는 실업 문제는 통계 수치보다 훨씬 심각할 수 있다. 또한 GDP로 대표되는 전통적 지표는 환경 보호, 돌봄 노동, 공동체의 삶의 질 등 무형의 가치를 반영하지 못한다는 한계도 안고 있다. 이에 대해 이재명 대통령은 "어떤 수치가 우리 사회의 실제 건강 상태를 보여주는지 늘 점검해야 한다."라고 강조하며, 질적 지표의 정비와 체감 중심의 정책 설계를 주문했다.

경제 지표는 본질적으로 정부 정책의 성과를 평가받는 무대이기도 하다. 과거 정부들은 높은 성장률을 달성하고도, 분배·복지·삶의 질에서 실패했다는 비판에 직면하곤 했다. 이재명 정부가 전통 지표와 질적 지표를 병행하기로 한 것은, '속도보다 승차감이 중요하다'는 사회적 요구를 반영한 결과다.

이렇듯 경제 성과를 다각도로 측정하는 것은 곧 정책 우선순위의 재조정을 의미한다. 재정 투입이 특정 기업·산업에 집중될 경우 GDP는 올라가도, 청년 고용이나 주거비에 직접적 도움이 안 될 수 있기 때문이다. 정부가 질적 지표까지 주기적으로 발표하는 것은, 정책 성과를 전방위로 점검하고 책임지는 장치로도 해석된다.

이재명 정부의 새로운 지표 체계가 실제 정책 집행으로 이어질 경우, 과연 양적 성장과 질적 개선을 모두 충족할 수 있을지가 관건이다. 만약 성장률만 높고 분배 지표나 삶의 만족도가 개선되지 않으면, 정부는 '부자만을 위한 성장'이라는 비판에 직면할 것이고, 반대로 분배만 신경 쓰다가 투자·생산성이 위축되면, '저성장으로 인한 역효과'를 우려하는 목소리가 커질 수 있다.

결국, 경제 정책의 균형이 중요한 과제로 떠오른다. 질적 지표의 목표가 제대로 달성되지 못하면, 양적 성장마저도 국민이 체감하지 못하는 '그림의 떡'이 될 수 있다. 이재명 대통령은 "균형 잡힌 시각과 지속적인 소통을 통해 수치 지표와 현장의 목소리 사이 간극을 줄이겠다."라고 공언했지만, 향후 글로벌 경기 악화나 국내 구조적 문제가 복합적으로 작용할 경우 시험대에 오를 가능성도 높다.

세계 어느 국가도 완벽하게 '체감 경제'와 '통계 경제'를 결합한 적이 없다. 그러나 이재명 정부의 시도는 국민이 체감하는 문제, 특히 주거, 일자리, 계층 이동 문제를 핵심 정책 목표로 세웠다는 점에서 의미가 있다. GDP나 실업률 같은 전통 지표가 '속도'를 보여준다면, 삶의 만족도·주거비 부담률·사회적 이동성은 '승차감'을 보여주기 때문이다.

이 시도가 성공할지 여부는, 실제로 정책 우선순위가 어느 정도까지 질적 성장에 초점을 맞추느냐에 달렸다. 짧은 시기에 가시적 효과를 내

긴 어려울 수 있지만, 지속적인 모니터링과 유연한 대응을 통해 양적 성장과 질적 개선이라는 두 마리 토끼를 잡으려는 노력이 계속된다면, 숫자가 담지 못하는 현실의 면모도 조금씩 지표 위에 드러날 것이다.

재정 적자

'폭탄'인가, '투자'인가?

이재명 정부의 확장 재정 정책은 '빚이냐, 투자냐'라는 오랜 논쟁을 정면으로 겨냥했다. 정부는 코로나19 이후 침체된 내수를 되살리고, 고용과 물가 충격에 적극 대응하기 위해 2025년부터 2027년까지 3년간 최대 180조 원(±10조 원)의 추가 재정을 편성할 것으로 예상된다.

── 돈을 어떻게 쓸 것인가?

항목	연평균 지출(조 원)	비중(%)
사회안전망 강화	30 ± 2	~50
인프라 · 그린뉴딜	18 ± 2	~30
미래산업 R&D	12 ± 1	~20

Fig 19. 예상 지출 분야와 비중
(자료 출처: 대한경제포럼 경제 편집부)

이 추가 재정은 크게 사회안전망 강화, 인프라 및 그린뉴딜 투자, 미래산업 R&D 등 세 가지 주요 분야에 집중될 예정이다. 특히 사회안전망 강화를 위한 지출은 연평균 약 30조 원으로 전체 지출의 약 50%를 차지하며, 가장 큰 비중을 기록한다. 인프라 및 그린뉴딜 투자에는 약 18조 원(약 30%), 미래산업 R&D에는 약 12조 원(약 20%)이 책정되어, 경제 체질을 장기적으로 강화하기 위한 투자가 이루어질 전망이다.

이재명 정부의 거시경제 전망에 따르면, 2024년 실질 GDP 성장률은 2.1%로 예상되며, 2025년에는 2.7%에서 최대 3.1%까지 상승할 것으로 전망된다. 이에 따라 2025년 취업자 수는 전년 대비 15만에서 20만 명 수준 증가할 것으로 보이며, 중기적으로는 빈곤율도 2024년 15.3%에서 2027년에는 13% 안팎까지 낮아질 것으로 기대된다.

정부는 이러한 흐름을 기준 시나리오로 설정하고 있지만, 글로벌 수요가 본격 회복될 경우 성장률이 3.3%까지 확대되고 고용 증가도 최대 25만 명에 이를 수 있다는 낙관적 전망도 제시했다. 반면, 고금리 기조와 원자재 가격 충격이 지속될 경우 성장률은 2.4% 수준에 머무르고, 고용 증가 효과도 10만 명 이하로 축소될 수 있다는 비관적 시나리오 역시 함께 제시되었다. 이처럼 성장과 고용, 빈곤율 등 핵심 거시 지표는 대내외 변수에 따라 크게 좌우될 수 있어, 정책의 탄력성과 대응력이 더욱 중요해지고 있다.

확장 재정 정책은 단기적으로 내수를 진작시키고 일자리 창출 효과를 가져올 것으로 기대된다. 예측에 따르면 실질 GDP 성장률은 2024년 2.1%에서 2025년 2.7~3.1%로 상승하며, 추가 취업자는 2025년에만 15~20만 명 증가할 것으로 보인다. 빈곤율도 2024년 15.3%에서 2027

년 13% 수준으로 완화될 것으로 전망된다.

낙관 시나리오에서는 글로벌 경제가 빠르게 회복할 경우 성장률 3.3%, 고용 +25만 명까지 가능하지만, 금리와 원자재 가격 충격이 지속되면 성장률 2.4%, 고용 +10만 명 이하까지도 떨어질 수 있다는 비관적 우려도 존재한다.

국가채무와 금리 리스크

연도	채무/GDP	10년물 금리	이자 지출
2024	55	2.9	24조 원
2025	57 ~ 59	3.2 ~ 3.5	27 ~ 30조 원
2026	59 ~ 61	3.4 ~ 3.7	30 ~ 34조 원

Fig 20. 국가채무 및 금리 전망
※ 금리 4% 이상 시 2028년 이자 부담이 40 조 원을 넘어설 가능성도 있음
(자료 출처: 대한경제포럼 경제 편집부)

확장 재정이 지속적으로 투입되면 국가채무가 증가하고, 이에 따른 금리 리스크도 커질 수밖에 없다. 2024년 GDP 대비 국가채무 비율은 55%에서 시작해 2025년 57~59%, 2026년 59~61%로 점진적으로 늘어날 전망이다. 10년물 국채 금리 역시 2024년 2.9%에서 2026년 3.4~3.7%까지 상승 가능성이 제기되고, 이에 따라 이자 지출도 크게 늘어날 것으로 보인다. 금리가 4% 이상으로 오르면 2028년에 연간 이자 부담이 40조 원을 초과할 가능성도 언급된다.

'투자'로 남기 위한 조건은 무엇일까? 확장 재정이 단순한 부채 증가가 아닌, 생산적 투자로 귀결되기 위해서는 엄격한 조건이 필요하다. 특

히, 생산성과 고용 파급력이 높은 지출이 60% 이상을 유지해야 한다는 점이 자주 거론된다. 기획재정부 분석에 따르면, 2025~2027년 지출 가운데 55~65%가 이러한 범주에 속할 것으로 예상된다. 또한 2029년부터는 GDP 대비 재정수지를 매년 0.5%씩 축소하는 '지출 캡'을 법제화해야 한다는 주장도 많다. 이를 통해 재정 적자가 무제한적으로 늘어나는 것을 막고, 장기적으로 재정 건전성을 유지해야 한다는 논리다.

확장 재정은 단기적으로 '소비 → 고용 → 소득'의 경제적 선순환을 촉진할 수 있지만, 금리와 환율 충격이 중첩될 경우 그 효과는 크게 약화될 수 있다. 나아가, 부채로 조달된 재정 지출이 향후 생산적 자산으로 연결되지 못한다면, 투자로 시작한 적자는 결국 '폭탄'이 되어 국가 경제의 건전성을 해칠 위험이 있다. 지출 효율성을 제고하고 사후 관리를 철저히 하는 것이, 결국 '빚'이 아닌 '투자'로 남기 위한 핵심 과제로 지목된다.

산업별 성장의 승자와 패자
누가 미래를 먹을 것인가?

팬데믹 이후 전 세계적으로 친환경 전환과 AI 기술이 급가속하면서 산업 지형이 크게 재편되고 있다. 이재명 정부는 2025~2030년 동안 네 가지 분야를 '고성장 클러스터'로 선정해 집중 지원하겠다고 선언했다.

이들 분야는 AI·반도체, 이차전지·전기차, K-콘텐츠·관광, 방산·우주항공이며, 국가 경제의 새로운 성장 동력을 확보하겠다는 전략이다.

── 산업별 성장 전망 시나리오

이재명 정부는 2024년 대비 2030년 동안의 시장 규모와 예상 성장률을 제시하고 있다. 정부가 주목하는 '고성장 클러스터'와 전통·쇠퇴 산업 간 격차가 뚜렷하며, 일부 산업은 두 자릿수 성장을 기록할 것으로 전망된다.

산업	2024 시장 규모 (조 원)	2030 전망 규모 (조 원)	연평균 성장률 (%)
AI · 반도체	120	240 ± 20	11 ~ 13
이차전지 · 전기차	60	155 ± 15	14 ~ 16
K-콘텐츠 · 관광	55	90 ± 10	8 ~ 10
방산 · 우주항공	35	75 ± 8	12 ~ 14
전통 제조(철강 · 조선)	95	100 ± 5	0 ~ 1
석탄 · 내연기관	40	25 ± 3	-7 ~ -5

Fig 21. 주요 산업의 시장 규모와 성장 전망
(자료 출처: 대한경제포럼 경제 편집부)

글로벌 공급망 재편이 한국에 유리하게 작용할 경우, AI·반도체는 연평균 13~15%, 이차전지는 최대 17%까지 상승이 가능할 것으로 전망된다. 하지만 미·중 기술패권 갈등이 심화되어 수출이 위축될 경우, 각 성장률이 2~3% 하락할 가능성 또한 무시할 수 없다.

정부 전망에 따르면, AI·반도체 분야는 2024년 120조 원에서 2030

년 240조 원 가량으로 증가하여 연평균 11~13% 성장을 기록할 것으로 보인다. 이차전지·전기차는 2024년 60조 원에서 2030년 155조 원 안팎으로 확대되어, 연평균 14~16% 수준의 높은 증가율을 보일 것으로 예측된다. K 콘텐츠·관광과 방산·우주항공 분야도 각각 연평균 8~10%, 12~14%의 성장이 예상되며, 철강·조선은 정체, 석탄·내연기관은 마이너스 성장을 피하기 어려울 것으로 분석된다.

고용 전망 그리고 생존 경로

고용은 어떨까? 정부는 고성장 산업 중심의 클러스터 육성을 통해 고용과 임금의 동반 상승을 기대하고 있다. 실제로 AI·반도체 분야에서는 고급 엔지니어 수요가 9만 명으로 60% 증가할 전망이며, 평균 연봉도 1억 4천만 원으로 25% 상승할 것으로 예상된다. 이차전지와 전기차 산업에서도 생산·연구직 인력이 6만 명으로 70% 증가하고, 평균 연봉은 8,200만 원으로 30% 오를 것으로 보인다. 반면 석탄과 내연기관 중심 산업에서는 종사자가 3만 명 줄어들며 40%의 고용 감소가 예상되고, 정부는 이들을 위한 전환교육과 재취업 지원에 연 1조 원 규모의 예산을 투입할 계획이다.

이재명 정부는 고성장 산업을 육성하기 위해 세제 인센티브와 R&D 지원, 수출 판로 확대 등을 적극 추진한다. 그러나 미국과 EU가 보호무역 및 친환경 규제를 강화하면, 반도체 소재·배터리 원료 등에서 공급 차질이 발생할 가능성이 크다. 철강·시멘트 산업은 탄소국경조정이 확대되면 연간 1.1조 원에 달하는 비용 부담을 안게 될 것으로 전망된다.

'승자'로 지목된 산업들도 전문 인력 부족, 해외 규제 강화, 공급망 재편이라는 변수를 넘어서지 못하면 목표한 성과를 내기 어렵다. 반면, '패자'로 분류되는 석탄·내연기관 산업도 디지털화와 친환경 혁신을 통해 새로운 기회를 모색한다면 생존 경로를 찾을 수 있다는 시각이 존재한다.

결국, 산업 간 흥망성쇠를 결정짓는 것은 정부의 지원 속도와 방향, 그리고 민간 기업의 혁신 역량이다. 현재 고성장이 예고된 분야라 해도 시장·기술 환경이 예기치 못하게 바뀌면 '승자' 자리를 잃을 수 있고, 쇠퇴 산업도 변화에 적응한다면 전혀 다른 미래를 맞이할 수 있다. 탄탄한 기술 기반과 유연한 대응 능력이야말로, 한국 산업이 '미래를 먹는' 진정한 승자가 되는 핵심 요건으로 거론된다.

위기의 부동산
다음 사이클은 이미 시작되었나?

팬데믹 직후 폭등세가 한풀 꺾였던 주거용 부동산 시장은 2024년 하반기부터 재상승 조짐을 보이기 시작한다. 이재명 정부는 이를 새로운 부동산 사이클의 초입으로 판단하며, '공급 쇼크'와 '이자 부담 완화'를 핵심 전략으로 삼아 2025~2028년 사이 부동산 시장을 안정적으로 관리한다는 방침을 내놓는다.

수요와 공급 그리고 조절

2024~2028년 기간의 연간 주택 공급량과 전국 주택가격지수 변동률을 보자. 정부는 공급 확대를 통해 수요 압력을 줄이고, 주택가격의 급등을 방지하려 한다.

연도	공공+민간 공급	전국 주택가격지수 (전년 대비)
2024	38만 호	-2.5%
2025	47 ± 3만 호	0.0 ~ +1.5%
2026	55 ± 4만 호	+1.5 ~ +3.0%
2027	58 ± 4만 호	+2.0 ~ +4.0%
2028	60 ± 5만 호	+1.0 ~ +3.0%

Fig 22. 2024~2027년 부동산 공급 전망
(자료 출처: 대한경제포럼 경제 편집부)

규제 완화와 금리 2%대 진입 시 2026~2027년 연 +5% 이상 상승할 가능성도 있지만, 글로벌 금리가 급등하고 경기 침체가 발생하면 2025~2026년에 추가로 -2%대로 하락할 위험도 도사리고 있다.

정부는 2025년부터 공급 물량을 크게 늘려 주택가격 상승 압력을 억제하겠다고 밝힌다. 2024년 38만 호에서 출발한 공급량은 2025년 47±3만 호, 2026년 55±4만 호, 2028년에는 최대 60±5만 호까지 확대될 것으로 예측한다. 이에 따라 전국 주택가격지수는 2024년 -2.5%에서 2025년 0.0~+1.5%, 2026년 +1.5~+3.0%, 2027년 +2.0~+4.0%, 2028년 +1.0~+3.0%의 점진적 상승을 기록할 것으로 전망한다. 만약 금리 인하와 규제 완화가 동시에 추진되면, 2026~2027년에 연 +5% 이상의 추가 상승이 가능하다는 견해도 제기된다. 그러나 글로벌 금리가 다시 급등하거나, 경기 침체가 심화되면 상승 모멘텀은 약해져 2025~2026년에 추가로 2% 정도 하락할 위험도 존재한다.

— 서울의 바깥

부동산 시장은 전국 단위로 움직이긴 하지만, 실제 가격 흐름은 지역별 특성에 크게 좌우된다. 정부의 대규모 신규 분양이나 산업 구조 변화에 따라 지역 간 격차가 더욱 벌어질 수 있다.

수도권의 경우, GTX·3기 신도시 분양이 본격화되면서 2027~2029년 신규 입주가 폭증하기 직전까지는 가격이 '횡보 → 완만 상승'을 거칠 것으로 보인다. 특히 역세권·신도시 호재가 있는 지역은 선호도가 높아 평균보다 높은 상승률을 보일 가능성이 있다.

광역시는 조금 다르다. 산업 전환 속도에 따라 양극화가 심화될 전망이다. 부산·대구 등 역세권 재개발 구역은 연 +3%대의 꾸준한 가격 상승이 예측되나, 노후 주택지가 많은 지역은 정체 상태에 머물 가능성이 높다.

지방 중소도시로 가면 전망은 더 나쁘다. 인구 순유출이 지속되는 곳은 공급 과잉 우려로 회복이 제한적일 수 있다. 그러나 신산업 클러스터를 유치하거나 도로·철도 등 교통 인프라가 확충되는 곳은 반등 여지가 있다고 볼 수 있다.

수도권은 인구·일자리 집중도가 여전하기 때문에 중장기적으로는 다른 지역에 비해 매물이 어느 정도 소화될 것이라는 견해가 많다. 그러나 공급 폭탄 시점(2027~2029년)에 가까워질수록, 일시적인 매물 누적과 전

월세 가격 안정 등 기존 전망과 다른 흐름이 나타날 가능성도 있다.

—— 무엇이 위험한가?

부동산 시장의 향방은 몇 가지 주요 리스크 변수에 따라 크게 달라질 수 있다. 우선 금리 경로가 핵심이다. 10년물 국채 금리가 3% 미만으로 유지되면 시장은 '완만한 상승' 흐름을 이어갈 수 있지만, 금리가 3.8% 이상으로 오를 경우 2026년 이후 부동산 가격의 상승 모멘텀이 크게 약화될 가능성이 제기된다. 또한 프로젝트 파이낸싱(PF) 부실 위험도 주목된다. 2025년 연체율이 3%를 초과하면 중소 건설사의 연쇄 파산과 이에 따른 공급 차질이 현실화될 수 있다. 여기에 더해 총부채원리금상환비율(DSR) 규제 강화나 다주택자에 대한 보유세 인상 등 세제·규제 회귀가 단행될 경우, 투자 수요가 급속히 위축되며 시장 전반에 하방 압력이 작용할 수 있다는 우려도 크다.

부동산 시장의 재상승 흐름은 금리, 건설사 리스크, 정부 규제 정책 등 세 가지 요인에 따라 달라진다. 금리가 저렴하면 대출 수요가 늘어 완만하게나마 가격 상승이 이어질 것으로 예측하지만, 국채 금리가 3.8%를 넘으면 부동산 수요가 꺾일 것이라는 의견이 우세하다. 또한 프로젝트 파이낸싱(PF) 연체율이 3% 이상으로 치솟으면 중소 건설사의 잇단 도산이 현실화되고, 주택 공급도 차질을 빚어 시장 변동성이 커질 수 있다. 총부채원리금상환비율(DSR) 및 다주택 보유세 강화가 재개될 경우에는 투자심리가 급속도로 식을 가능성도 제기된다.

이재명 정부는 2025~2028년 사이를 부동산 시장 관리의 핵심 시기로 규정한다. 공급 물량 확대와 이자 부담 완화를 통해 가격 급등이나 급락 없이 '연착륙'을 유도하겠다는 구상이지만, 미국·EU의 통화정책, 국내 경기 흐름 등 외부 변수도 만만치 않다고 본다. 따라서 부동산 투자자는 단순히 '언제쯤 다시 가격이 뛸까?'만 기다리기보다, 지역·물건 종류별 공급 스케줄과 금리 추이, 그리고 정책 변동을 꼼꼼히 파악하는 전략적 접근이 필요하다는 평가가 나온다.

움직이는 금융시장
거품인가, 회복인가?

팬데믹 충격 이후 2023~2024년 동안 주식·부동산·가상자산에서 빠른 반등 조짐이 나타났으나, 2025년에 들어서면서 시장이 복잡하게 움직이는 양상을 보이고 있다. 이재명 정부는 이러한 동향을 예의주시하며, 금융시장 과열 방지와 유동성 관리를 핵심 정책 목표로 삼는다.

가치 평가

2024년 말과 2025년 상반기를 비교한 대표 밸류에이션 지표를 살펴보자. 코스피의 주가수익비율(PER)과 주가순자산비율(PBR) 급등, 신용융자 잔고 증가, 가상자산 시총 확대 등은 투자자 레버리지가 높아지고 있음을 알아볼 수 있다.

지표	10년 평균	2024 말	2025 상반기	비고
코스피 PER	11.5배	10.2배	12.8배	'AI · 배터리 랠리' 영향 반영
주가 대비 PBR	1.0배	0.88배	1.1배	2011년 이후 최고치 근접
신용융자 잔고	6.1조	21조	25조 ±1	개인 레버리지 과열 신호
가상자산 시총 (국내)	19조	31조	40조 ±3	투자 피로도 낮음에도 재팽창

Fig 23. 2024년 말/2025년 상반기 밸류에이션 비교 지표
(자료 출처: 대한경제포럼 경제 편집부)

 반도체 업황이 회복되고 글로벌 금리가 인하될 경우, 2025년 하반기 코스피 주가수익비율(PER)이 13.5배까지 상승이 가능하다는 낙관적인 전망도 있다. 그러나 미국 연준이 재차 긴축하고 중국 경기가 둔화할 경우, 2026년 1분기에 주가수익비율(PER)이 10배로 재조정될 우려 또한 존재한다.

 2024년 말 코스피의 주가수익비율(PER)은 10.2배였으나, 2025년 상반기에는 AI·배터리 분야가 급등하며 12.8배로 치솟는다. 주가순자산비율(PBR) 역시 1.1배 수준으로, 2011년 이후 최고치에 근접한다고 분석된다. 신용융자 잔고는 개인투자자들이 레버리지를 적극 활용함에 따라 25조 원대로 늘어나고, 가상자산 시총도 40조 원 가량으로 팽창한다. 시장에서는 이를 '차세대 성장주 주도 랠리'라고 평가하기도 하지만, 일부 전문가들은 '기본적인 개선 없는 가격 상승'을 우려하는 목소리를 낸다.

거품을 판단하는 기준

한국은행과 금융위원회는 시장 과열 여부를 판단하기 위해 세 가지 핵심 지표를 모니터링한다. 가계부채/GDP 비율이 경고 구간을 넘어섰고, 버핏지수(시가총액/GDP) 역시 위험 수위를 초과한 상황이다.

지표	경고	구간 기준치	2025 상반기 현황	상태
주택가격 소득비율(PIR)	주의	8.0	7.6 ±0.2	△ 주의
가계부채/GDP	경고	100%	106%	▲ 경고
버핏지수(시가총액/GDP)	경고	110%	118%	▲ 경고

Fig 24. 2025년 기준 금융시장 거품 판정 지표 현황
(자료 출처: 대한경제포럼 경제 편집부)

2/3 지표가 경고 상태에 이르면 금융위는 '시장 과열 단계'의 초기 경보를 발령하는데, 금융 당국의 스트레스 테스트 결과, 코스피 20% 하락과 부동산 5% 하락 시 은행권 자기자본비율이 1.1% 하락할 것으로 예상된다.

특히 2025년 상반기에 가계부채/GDP가 106%로 치솟으면서 위험 수준을 넘어선다. 주택가격 소득비율(PIR)은 7.6으로 주의 구간에 접어들고, 버핏지수는 118%로 경고 기준인 110%를 초과한다. 금융위원회는 두 지표 이상이 경고 구간에 진입하면 '시장 과열 단계' 초기로 간주하고, 자금 흡수와 차입 규제를 강화하는 등 사전 대응을 검토한다. 스트레스 테스트 결과에서도 주가와 부동산이 동반 하락할 경우 은행권 건전성이 눈에 띄게 악화될 수 있다는 우려가 제기된다.

── **정책 스탠스**

이재명 정부는 과열 진입을 막기 위해 차입 규제, 시장 유동성 관리, 기업 신용 스프레드 안전판 확보 등 다각적 조치를 준비하고 있다. 과열 진입을 선제적으로 차단하기 위해 차입 규제, 유동성 관리, 기업 신용시장 안정 등 다각적인 조치에 나설 예정이다. 우선 신용융자에 대한 담보인정비율(LTV)을 현행 50%에서 35%까지 단계적으로 낮추고, 총부채원리금상환비율(DSR)도 차주별로 3단계로 세분화해 강화함으로써 과도한 빚 투자를 억제하겠다는 방침이다.

이재명 대통령은 "투자 심리 자체를 꺾지는 않되, 무분별한 레버리지 확산을 방치하지 않는다."라는 기조를 밝힌다. 신용융자에 대한 담보인정비율(LTV)을 낮추고, 총부채원리금상환비율(DSR)규제를 강도 높게 적용해 가계와 개인투자자들의 과도한 빚 투자를 제어한다. 동시에 국채 조기발행 등으로 시장 유동성을 자연스럽게 흡수하고, 기업이 자금 경색을 맞더라도 '시장안정 펀드'를 통해 급한 불을 끄겠다는 입장이다.

금융시장에 대한 기준 시나리오를 종합해 살펴보면, 코스피 주가수익비율(PER)이 12배 안팎이고 버핏지수가 115% 이하로 유지될 경우, 시장은 안정적인 회복 국면을 이어갈 가능성이 큰 것으로 분석된다. 반면, 가계부채가 GDP 대비 110%를 넘고 버핏지수가 125%를 돌파하면 금융시장이 과열을 넘어 '버블 경계' 구간에 진입할 수 있다는 경고가 나온다. 여기에 더해, 글로벌 긴축정책의 재개나 국내 프로젝트 파이낸싱(PF) 부실이 확산될 경우, 예고 없이 급격한 조정 국면이 촉발될 가능성도 배제할 수 없다는 것이 정부의 판단이다.

기준 시나리오에 따르면, 코스피 주가수익비율(PER)이 12배 이하에서 형성되고 버핏지수가 115% 안팎에 머무를 경우 현재 랠리가 '회복 국면'으로 해석될 수 있다. 하지만 가계부채가 GDP의 110%를 훌쩍 넘어서는 동시에 버핏지수가 125% 이상으로 치솟으면, 시장은 명백히 '거품 경계' 구간에 진입한다는 시그널이 강해진다. 국내외 전문가들은 코스피의 주요 종목이 실제 실적 개선을 통해 투자자 기대를 충족하지 못할 경우, 신용융자나 프로젝트 파이낸싱(PF) 부실 문제와 맞물려 시장이 빠르게 하락 전환할 가능성을 경고한다. 이재명 정부는 "자산 시장의 지속 가능한 발전이 목표"라고 강조하지만, 레버리지 기반으로 과열된 시장은 작은 외부 충격에도 흔들릴 수 있다는 점에서, 정부·투자자 모두 신중한 판단이 요구된다는 분석이 제기된다.

한국 경제는 글로벌 충격에 얼마나 준비되어 있는가?

러시아-우크라이나 전쟁, 미중 기술 패권 경쟁, 기후 변화로 인한 극한 재해 등 글로벌 경제 충격이 한두 해로 끝나지 않고 동시다발·장기화하는 흐름을 보이고 있다. 이재명 정부는 이에 대응해 외환 및 유동성, 공급망, 식량 및 에너지를 중심축으로 하는 세 가지 방어선을 구축하고, 2025년부터 2030년까지 이른바 '경제 탄력성 로드맵'을 추진한다는 계획을 발표했다.

— **외환·유동성 버퍼**

정부는 외환보유액을 확충하고, 단기 외채를 줄이며, 은행권 외화유동성커버리지비율(LCR)을 높이는 방안을 통해 대외 충격에 대비하겠다는 방침을 내놓았다.

지표	안전선	2024	2027 예상	2030 목표
외화보유액	4,000억 달러	4,160억 달러	4,300 ± 150억 달러	4,600억 달러
단기외채/보유액	40%	36%	34 ± 3%	32%
은행 외화LCR	80%	96%	90 ~ 95%	95%

Fig 25. 2024~2030년 외환 유동성 시나리오
(자료 출처: 대한경제포럼 경제 편집부)

정부는 2024년 외화보유액 4,160억 달러를 2030년 4,600억 달러로 확대하기로 한다. 이는 미 연준 긴축이나 국제 원자재 가격 변동처럼 돌발적인 대외 여건 변화에 대응할 '완충' 역할을 한다는 것이다. 단기 외채 대비 외환보유액 비율은 36%에서 32%로 낮춰 외환 안정성을 높인다는 목표를 세운다. 또한 은행권의 외화 외화유동성커버리지비율(LCR)을 95% 안팎에서 유지해, 금융기관이 단기 유동성 위기에 빠지지 않도록 한다. 그러나 달러 강세와 수출 둔화가 겹치면 외평채 추가 발행으로 외환시장에 유동성을 공급할 가능성도 열어둔다.

달러 강세가 장기화되고 수출 둔화가 겹칠 경우, 단기외채/보유액이 40% 가까이 치솟을 가능성이 있으며, 이때는 외평채(외국환평형기금채권) 100억 달러를 추가 발행할 여지를 확보한다는 방침이다.

── 원자재 공급망 복원력

정부와 한국개발연구원(KDI)은 반도체, 배터리, 바이오 등 핵심 산업의 공급망 회복 능력을 계량화한 '공급망 복원력 지수'를 도입해, 이를 일정 수준(70 이상)으로 끌어올릴 계획을 발표한다.

산업	2024	2026 목표	주요 조치
반도체	62	75 ±3	- 소재·부품·장비 국산화율 80% 달성
배터리	58	72 ±4	- 니켈·리튬 중장기 offtake 계약 확대
바이오	49	65 ±5	- CMO(위탁생산) 설비 증설 - FDA·EMA 동시 인증

Fig 26. 반도체, 배터리, 바이오 산업 내 공급망 복원력 지수
※ 지수 70 이상이면, 외부 충격이 발생했을 때 생산 차질을 1개월 이내로 복구할 수 있는 수준을 의미한다.
(자료 출처: 대한경제포럼 경제 편집부)

반도체 분야에서는 소부장(소재·부품·장비)의 국산화율을 80%까지 끌어올려 해외 공급망 단절 위험을 줄이겠다는 구상을 제시한다. 배터리 분야에서는 니켈·리튬 등 핵심 원료를 안정적으로 확보하기 위해 중장기 계약(사전 구매 계약)을 확대한다. 바이오 산업은 국내 생산 역량을 늘리면서 미국 식품의약국(FDA)와 유럽 의약품청(EMA) 인증을 동시에 취득해 해외 시장 진출에 박차를 가한다. 정부는 이를 통해 외부의 무역 규제나 지정학적 리스크가 닥쳐도 국내 생산이 최소한의 차질로 이어지도록 만들겠다고 설명한다.

── 식량·에너지 자급/비축 플랜

정부는 식량 안보와 에너지 안정성을 강화하기 위해 곡물자급률,

LNG 비축 일수, 재생에너지 발전 비중의 세 가지 지표를 설정해 점진적 달성을 추진한다.

항목	2024	2030 목표	전략
곡물자급률(%)	21	30 ± 2	- 해외 스마트팜 · MOU 확대 - 저장능력 20% 증설
LNG 비축 일수	12	20 ± 2	- 통합가스저장센터 구축 - 호주 JV(합작투자) 지분 확보
재생에너지 비중(%)	18	30 ± 3	- 해상풍력 20 GW - 분산형 태양광 5 GW 목표

Fig 27. 식량 및 에너지 자급 현황과 향후 비축 전략
(자료 출처: 대한경제포럼 경제 편집부)

2030년까지 곡물자급률을 30%로 끌어올린다는 것은, 국가가 대외 충격(예: 곡물 수출 금지, 운송 마비 등)이 발생해도 필수 식량을 확보할 수 있는 기반을 확충하겠다는 의미이다. LNG 비축 일수를 20일까지 늘려, 겨울철 혹한이나 글로벌 에너지 위기 시에도 난방용 등 긴급 수요에 대응한다는 계획이다. 또한 재생에너지 발전 비중을 30% 수준으로 확대해 화석연료 의존도를 줄이고 탄소중립 기조에 부합시키겠다는 의지를 나타낸다.

정부는 원화 급락, 해상 물류 혼란, 사이버 리스크 등 국가 경제의 주요 취약 지점에 대한 대응 전략을 마련하고 있다. 환율이 1,450원/달러를 돌파할 경우 은행권 외화유동성커버리지비율(LCR)의 일부를 한시 완화하고, 한·미 간 600억 달러 규모의 통화스왑 재가동을 협의해 외환시장 안정을 도모할 방침이다. 글로벌 해상 운임이 급등할 경우에는 3조 원 규모의 국가물류비 융자를 통해 물류비 부담을 낮추고, 군 레미콘

수송선 4척을 긴급 투입해 항만 적체를 해소하는 대책도 추진된다. 아울러 전력·통신 중단에도 디지털 금융 서비스가 90% 이상 유지되도록 해외 백업 서버 이중화를 의무화하며, 핀테크·사이버 리스크에 대비한 시스템 안정성 강화에도 속도를 내고 있다.

지금 한국 경제는 세계 경제의 거센 파도 앞에서 그 복원력과 대응 체계의 실효성을 시험받고 있다. 정부는 외환·유동성, 공급망, 식량·에너지라는 세 가지 주요 방어선을 앞세워 글로벌 경제 충격에 대비하고 있음을 강조한다. 그러나 지정학적 갈등의 장기화, 글로벌 금융 시장의 급격한 변동성 증대, 그리고 예측하기 어려운 기후·환경 리스크가 교차하는 현재, 기존의 방어선만으로 초대형 위기에 대응하기엔 한계가 있다는 우려의 목소리도 높다. 러시아-우크라이나 전쟁, 미·중 전략 경쟁, 중동 리스크와 같은 지정학적 충격은 공급망 단절과 원자재 가격 급등을 동시다발적으로 유발할 수 있으며, 글로벌 금리·환율 급변은 외화 유동성 안전판을 시험대에 올려놓을 것이다. 특히 최근처럼 미 달러 강세와 글로벌 긴축 기조가 겹치는 시기에는 한·미 통화스왑의 즉각적 재가동이나 국채 시장의 안정적 운용이 단기적인 해법에 그칠 가능성도 배제할 수 없다. 식량과 에너지 자급 계획 역시 위기 시에 얼마나 연속성을 확보할 수 있을지, 현실적 한계에 대한 검증이 필요하다는 지적이 이어지고 있다.

이재명 정부는 이러한 복합 위기에 대비하기 위해 '경제 탄력성 로드맵'을 마련하고, 정책이 고정화되는 순간 오히려 리스크가 된다는 점을 의식해 유연하고 동적인 조정 체계를 강조하고 있다. 그러나 궁극적으로 이 모든 대응의 성공 여부는 사전에 마련된 기반의 탄탄함, 즉 위기

이전부터 구축해온 국가 시스템의 내구성과 국민적 신뢰에 달려 있다.

결국, 한국 경제가 앞으로 수년간 직면할 도전은 단순히 외부 충격을 견디는 힘을 넘어, 위기를 기회로 전환할 수 있는 전략적 사고와 실행력을 보유했느냐에 달려 있다. 이재명 정부의 로드맵이 과연 정책의 유연성과 구조적 복원력을 동시에 달성할 수 있을지, 그리고 이러한 체계가 국민 생활의 안정과 국내 산업의 지속 가능한 성장으로 이어질지에 대한 평가는 앞으로의 시간이 증명할 것이다. 한 가지 분명한 것은, 위기는 언제든 예상치 못한 방식으로 닥치며, 방어선의 강도는 그 위기가 닥쳤을 때의 대응력에서 드러난다는 점이다. 지금 이 순간 한국 경제가 얼마나 견고한 기반을 마련했는지, 그것이 우리의 선택과 준비가 만들어낼 미래를 좌우할 가장 중요한 요소가 될 것이다.

제4부
실행을 가로막는 벽들

정책은 현실을 넘을 수 있는가

한정된 예산
돈은 얼마나 더 풀 수 있나?

　2025년 이후 한국의 실질 성장률이 2% 안팎에 머물고, 물가가 안정 기조를 보이면서 이른바 '추경 여력'에 대한 논쟁이 재점화된다. 팬데믹 직후 쌓인 구조적 적자(2020~2024년 수지 GDP 대비 -4.1%) 위에서 추가 확장 재정이 '마지막 불씨'가 될지, '파국의 도화선'이 될지를 가늠해야 한다는 지적이 나온다.

핵심 변수	현 수준(2024)	임계선	의미
관리재정수지/GDP	-3.5%	-4%	국제신용등급 경계선
국가채무/GDP	55%	60%	재정준칙 상한
10Y 국채금리	2.9%	3.8%	이자부담 폭증 분기점

Fig 28. 국가 재정 현황
(자료 출처: 대한경제포럼 경제 편집부)

　현재 관리재정수지 적자 폭이 GDP 대비 -3.5% 수준이며, 국가채무 비율이 55% 선이라는 점에서 '추가 확장'이 가능하다는 의견도 있지만, 국제신용등급 경계선인 -4% 수지, 60% 채무 비율을 넘으면 해외 투자자들의 우려가 커진다는 지적이 있다. 또한 국채금리가 3.8%에 이르면 이자 부담이 급격히 늘어 재정 전반에 압박이 가해진다.

세 가지 재정 운용 시나리오

정부는 세 가지 재정 운용 시나리오를 검토하고 있다. 선별 확장, 현행 유지, 점진 긴축에 따라 재정수지, 성장률 기여, 금리 스프레드 등이 어떻게 변동될지 추정한 것이다.

시나리오	2027 수지 / GDP	2028 채무 / GDP	성장률 기여 (평균 p)	금리 스프레드 변동 (bp)
A. 선별 확장	-3.3%(±0.2)	63%(±1)	+0.25	+10
B. 현행 유지	-3.8%(±0.3)	65%(±1)	+0.35	+25
C. 점진 긴축	-2.5%(±0.2)	59%(±1)	+0.05	-5

Fig 29. 재정 운용 시나리오 3안
(자료 출처: 대한경제포럼 경제 편집부)

선별 확장은 재정 적자 폭을 -3.3%인 중간 수준으로 유지하면서도 고효율 투자에 집중해 성장률에 0.25% 기여하는 방안을 말한다. 현행 유지는 지금처럼 지출을 이어가 적자가 -3.8% 수준까지 늘어날 것이며, 성장률엔 조금 더 도움이 되지만 국채금리가 4% 선까지 근접할 수 있다는 경고가 나온다. 점진 긴축은 -2.5%의 적자로 채무를 안정시킬 수 있지만, 성장률 기여도가 거의 +0.05%포인트에 그치는 시나리오다.

낙관적인 전망을 해보자면, 글로벌 금리가 하락하고 수출이 회복된다면 A안을 선택해도 금리 부담이 제한적일 수 있다. 그러나 달러 강세와 유가 상승이 겹쳐 B안을 채택하게 되면 국채 금리가 4%를 돌파할 위험이 있다는 비관적인 분석도 제기된다.

각각 시나리오마다 혜택을 보거나 손해를 보는 집단이 다르다. 현행 유지 시, 1.5~2% 처분가능소득이 높아질 것으로 보지만, 정부 이자 비용이 29조에서 34조로 증가하는 부분 중 40%가 복지 예산에서 상쇄될 가능성이 있다고 본다. 그만큼 저소득층에 돌아가는 복지 혜택이 줄어든다는 의미다. 선별 확장을 채택하면 설비투자 세액공제 등으로 기업 및 투자자의 총고정투자가 +0.4%포인트 늘어난다는 전망이다. 영향은 2040세대에게도 직접적이다. 순재정부담("세금 − 이전혜택"의 현재가치)이 현행 유지를 채택하면 약 27조, 점진 긴축을 채택하면 약 15조가 될 것이라는 분석이 있다.

선별 확정이나 현행 유지를 채택해 재정을 더 풀면 저소득층과 기업 및 투자자가 유리하다는 시각이 있지만, 그만큼 미래 세대의 부담이 늘어난다는 지적이 있다. 정부 이자 비용이 증가해 복지나 교육예산을 압박하면 결국 20~40대가 세금과 기회비용 형태로 갚아야 한다는 우려가 제기된다.

'지렛대' 효과로 세수 확보 문제를 해결할 수 있을까? 정부는 세금을 더 걷는 대신 비과세·감면을 일부 축소해 연 11조의 세수를 회수하고, 녹색국채로 차환 발행해 국채 듀레이션을 늘리면 연간 7천억 원의 이자 절감 효과가 있을 것으로 본다. 또한 글로벌 최저한세(OECD 디지털세)가 2026년에 도입되면 연 2.5조 원 이상의 추가 세수를 기대할 수 있다.

해외 사례도 함께 살펴보자. 미국은 IRA(인플레이션 감축법)로 약 +5%포인트 채무 증가를 감수하면서도 녹색산업 육성을 통해 0.4%포인트 성장을 견인했다는 평가를 받았다. 영국은 2022년 대규모 감세와 적자가 동시에 추진되면서 채무가 +2%포인트로 늘었는데도 성장률은 오히려 −0.3%포인트로 떨어지고 국채 시장이 혼란에 빠졌다. 일본은 아베노믹스를 통해 공격적 재정을 썼다. 하지만 채무/GDP가 +17%포인트 늘어나는 동안 디플레이션 완전 탈출에 실패했고, 결과적으로 성장률은 +0.1%포인트에 그쳤다는 지적이 있다.

나라 / 시기	채무/GDP 변화	성장률 효과	정책 메모
미국 IRA / 2022~	+5%포인트	+0.4%포인트	녹색산업 유치 · 보조금 패키지
영국 감세 / 2022	+2%포인트	-0.3%포인트	적자 · 감세 동시 추진 → 국채 시장 패닉
일본 / 아베노믹스	+17%포인트	+0.1%포인트	디플레이션 탈출 실패 → 부채 폭증 '풍선' 효과

Fig 30. 미국, 영국, 일본의 재정 정책 사례 비교
(자료 출처: 대한경제포럼 경제 편집부)

─── '엑셀'과 '브레이크'를 동시에

추가 확장은 매년 성장률 +0.3%포인트와 채무 +2%포인트를 교환하는 셈이라는 평가가 나온다. 숫자만 보면 이 교환비가 그다지 나쁘지 않아 보이지만, 재정의 효용은 단순 수치가 아니라 '어디에, 어떻게, 언제' 쓰느냐에 따라 극적으로 달라진다.

정부는 재정 운용의 균형을 맞추기 위해 고효율·고파급 사업에 집중하는 동시에, 지출 구조조정과 세수 기반 확충, 시장 신뢰 확보, 대외 충격 대응 등 네 축의 전략을 병행한다. 우선, 그린 인프라, AI·반도체 설비, 교육·보육 등 인적 자본에 대한 투자는 1원당 잠재성장률 기여도가 0.8 이상으로 추정되며, 이러한 고효율 분야의 지출 비중을 2025~2027년 확장예산 중 60%에서 70%로 높일 경우, 동일한 적자 폭에서도 성장률 기여도가 +0.05%포인트 증가할 수 있다는 분석이 제시된다.

이와 함께 정부는 불필요한 재정 누수를 줄이기 위한 지출 구조조정과 조세지출 정비도 추진한다. 각종 보조금·보전금 등 '효율 50 이하' 사업을 중심으로 총 7조 원을 2년간 구조조정하고, 비과세·감면 항목을 20% 축소해 세수 11조 원, 재정수지 +0.4%포인트 개선을 도모한다는 계획이다.

또한 중장기 신뢰 확보를 위한 장치로는 2029년까지 채무 대비 GDP 비율을 연 0.5%포인트씩 낮추는 '채무 캡' 로드맵이 법제화될 전망이다. 국제신용평가사(NIER) 시뮬레이션에 따르면, 해당 계획이 이행될 경우 장기국채 금리가 20bp 하락할 가능성이 있으며, 이는 재정에 대한 시장의 신뢰 회복과 금리 부담 완화로 이어질 수 있다.

한편, 달러 강세와 국제 유가 상승이 동시에 발생하면 국채금리가 4% 이상으로 급등하며 이자지출 증가와 재정수지 악화가 겹치는 이른바 '복합 스파이럴' 위험에 직면할 수 있다는 우려도 존재한다. 정부는 이 같은 외생 충격에 대비해 지출 유보 3조 원, 외평채 100억 달러 발행, 한·미 통화스왑 재개 협의 등을 통해 1차 방어선을 구축하겠다는 계획이다.

확장 재정은 정부가 미래 성장과 분배를 위해 선결제로 지출한 모기지(mortgage)라는 평가가 많다. 이 모기지가 실제 생산적 자산으로 전환되면 '투자'가 되지만, 그렇지 못하면 늘어난 이자 부담만 남아 '폭탄'이 될 위험이 크다는 것이다. 현재 지표만 보면 '투자' 쪽으로 기울 가능성이 더 크다는 기대가 우세하지만, 시장 금리·환율 충격과 정부 정책 신뢰 붕괴가 겹치면 언제든 '폭탄'으로 돌변할 수 있다고 전문가들은 경고한다. 결국 관건은 '엑셀을 밟을 때 브레이크, 즉 긴축이나 구조조정이 준비되어 있느냐'에 달려 있으며, 정부의 정책 타이밍과 지출 효율성이 향후 한국 경제의 중장기 전개를 결정지을 핵심 변수가 될 것으로 보인다는 전망이 나온다.

정치가 정책을
죽이는 순간들

좋은 설계가 국회와 하위 규제를 거치며 얼마나 어떻게 바뀌게 될까? 이 질문에 대해 '3단 낙하산 가설'로 대답해볼 수 있다. 전문가들은 정책이 기획부터 집행에 이르는 과정에서 최대 세 번의 변형 위험에 노출된다고 본다.

3단 낙하산 가설에는 세 단계가 있다. 의제 설정 단계, 입법·예산화 단계, 시행령·고시 단계다. 의제 설정 단계에서는 정부 캠프·관료·전문가가 큰 그림을 합의하는 단계. 이때는 비교적 원안이 유지되지만, 정당 간 사전 이견이 있을 경우 이미 기초안이 크게 흔들릴 수 있다. 다음으로 입법·예산화 단계에서는, 국회 정무위·예결위 등에서 이해관계 충돌이 발생할 가능성이 높다. 재정 부담이나 규제 인·감축 문제로 여야 대립이 심해지면, 법안 내용이 크게 변할 수 있다. 마지막 시행령·고시 단계에서는 국회 통과 후에도 시행령, 시행규칙, 고시와 같은 하위 법령에서 로비나 집단 반발이 생길 경우 2차 변형이 일어날 위험이 크다. 입법 취지가 무색해지는 사례가 종종 나온다.

구간	과거 평균 (2014 ~ 2023)	기준 시나리오 (2025 ~ 2027 예상 범위)
법안 → 본회의 소요	4.2개월	4 ~ 8개월
시행령 → 고시 소요	7.1개월	6 ~ 10개월
시행령 단계 내용 변형률	34%	25 ~ 40%
규제피로지수(RBI)	52	55 ~ 62

Fig 31. 법안 처리 기간, 변형률, 규제피로지수(RBI)의 10년 평균과 시뮬레이션 범위
(자료 출처: 대한경제포럼 경제 편집부)

10년간(2014~2023) 법안·시행령 처리에 걸린 평균 기간과 변형률, 규제피로지수(RBI)를 보자. 2025~2027년 기준 시나리오에서는 거대 야당 의석이 45% 정도고, 경제 상황이 불황일 때 각종 소요 기간이 더 길어지고 내용 변형률이 상승할 수 있다고 본다.

과거에는 법안이 국회를 통과하기까지 평균 4.2개월이 소요됐으나, 특정 이해관계가 첨예하게 충돌하면 1년 이상 계류된 사례도 있었다. 시행령 단계에서 내용이 25~40% 가량 바뀌는 것은 정책 기획 단계와는 다른 이해관계 로비나 현실적 문제들이 반영되기 때문이다. 규제피로지수(RBI)가 60을 넘으면 관련 업계나 행정기관이 '규제로 인한 피로 누적' 상태라고 판단하는 지표로 쓰인다.

2025~2028년 동안 실제 일어날 수 있는 정책 병목 상황을 가정한 예시도 살펴보자. 부동산, 검찰 개혁, 공정거래법 등 민감한 안건은 상임위원회나 헌법재판소 등 여러 고비를 거치면서 원안이 크게 훼손될 가능성이 있다는 전망이 있기 때문이다.

첫 번째로는 부동산 양도세 완화안이 있다. 야당이 '투기 조장'을 이유로 상임위 단계에서 필리버스터를 개시하면, 국토연구원 모형 상 거래량이 6개월 동안 최대 -20% 감소할 위험이 있다. 두 번째는 검찰 수사·기소 분리법이다. 통과 후 헌법재판소에 효력 정지 신청이 제기될 가능성이 있다. 인력 재배치·예산 집행이 최대 1년 지연될 수 있다는 관측이 나온다. 세 번째로 공정거래법 전면 개정도 우려 대상이다. 시행령에서 대기업·노동계 로비가 발생하면 원안 대비 20~30% 조항이 수정 압력을 받는 시나리오가 예측된다.

정부와 민간 연구기관은 시행령 변형률, 국회 처리 지연, 규제피로지수(RBI)를 주요 지표로 활용해 시장 불확실성을 추산하고 있다.

지표	기준치 (안정)	주의 구간	경고 구간
시행령 변형률	≤25%	26 ~ 35%	≥36%
국회 처리 지연	≤6개월	7 ~ 10개월	≥11개월
규제피로지수 (RBI)	≤55	56 ~ 60	≥61

Fig 32. 정책 불확실성 시나리오 2025~2028 전망 범위
(자료 출처: 대한경제포럼 경제 편집부)

주의 구간에 진입하면 민간투자가 최대 -1%포인트 영향을 받고, 주가순자산비율(PBR)이 -0.05배 할인될 수 있다. 경고 구간에 이르면 민간투자가 -2%포인트, 청년고용이 -5만 명 정도로 하락할 위험이 있다는 분석이 나온다.

시행령 변형률이 26~35% 수준이면 '주의'로 분류하고, 36%를 넘으면 '경고' 상태로 본다. 이때 기업들은 정책을 믿고 투자하기 어렵다는

판단을 내릴 가능성이 높아져 투자가 감소하고 주가 가치가 할인될 수 있다는 것이다.

정부는 정책 입안의 예측 가능성과 집행의 효율성을 높이기 위해 세 가지 제도 개선 방안을 도입할 예정이다. 첫째, 국회 상임위·예결위·법제처 등 입법 전 단계마다 비용편익, 고용, 투자 효과를 객관식 지표로 공개하는 '3중' 임팩트 보고서(기업이나 조직이 환경, 사회, 경제에 미치는 영향을 측정하고 분석하는 보고서) 체계를 마련하는 것이다. 시뮬레이션 결과에 따르면, 이 방식을 적용할 경우 정책 내용의 변형률이 평균 5%포인트 감소할 수 있다는 분석이 제시됐다. 둘째, 정책의 일관성과 안정성을 사전에 점검하기 위한 '정책 안정성 패널'이 가동될 것이다. 여야와 민간 전문가 50인으로 구성된 이 패널은 안건의 안정성 점수가 80점 미만일 경우 수정안을 권고하고, 재심 절차를 의무화함으로써 시행령 지연을 평균 2개월가량 줄일 수 있을 것으로 기대된다. 마지막으로, 대통령령·고시 개정 시 최소 60일간 이해관계자의 의견을 반드시 수렴하도록 하는 '60일 예고제'가 도입된다고 한다. 이 제도는 규제 피로도를 완화하고, 행정 신뢰도를 높이는 효과가 있을 것으로 전망된다.

결국 '속도'보다 '변형률'이 신뢰를 좌우한다고 볼 수 있다. 시뮬레이션 결과, 처리 속도가 두 배 늦어져도 원안이 90% 이상 유지되면 정책 신뢰 손실은 −0.2%포인트 정도라는 예측이 나온다. 그러나 법안이 단 3개월 만에 통과되더라도 내용 변형률이 40%에 이르면 신뢰 손실이 −1.2%포인트로 여섯 배 넘게 확대된다는 시나리오가 제시된다. 이는 정부와 시민사회 간 '정책이 원안대로 유지되느냐'가 얼마나 중요한지를 보여준다.

정리해서 살펴보면, '정책의 속도'보다 '원안 취지 보전'이 정책 신뢰에 핵심이라는 분석이 힘을 얻는다. 여야가 대립하거나 이해관계가 첨예할수록, 절충 과정에서 원래 설계가 크게 퇴색할 위험이 크기 때문에 제도적 혁신 장치를 도입해 변형률을 억제하는 것이 장기적으로는 민주주의의 정책 품질과 국민 신뢰를 함께 지키는 길이라고 전문가들은 주장한다.

민심과 집권의 균형
언제 어떻게 무너지는가?

이재명 정부가 출범할 당시, 이재명 대통령은 취임사에서 "정치는 국민을 분열시키는 무기가 아니라, 민생과 통합을 실현하는 도구가 되어야 한다."라고 강조했다. 그러나 국제 경제가 흔들리고 국내 체감 경기가 둔화되면서, 지지율·소비심리·실질소득 사이의 균형이 어떻게 무너지는지 우려하는 목소리가 커지고 있다. 이재명 대통령이 늘 언급해온 '국민 체감 경제'가 단순 구호에 머무를지, 아니면 실제 민심을 지탱하는 기반이 될지 주목된다.

대통령 지지율, 소비자심리지수(CCI), 실질가처분소득 증가율 추이를 종합한 자료를 보자. 이재명 정부가 추진하는 재정 기조나 금리 흐름에 따라, 이 세 지표가 민심의 안정을 결정짓는다고 전문가들은 본다.

지표	경계선 (경고)	2024	2025 예상	2026 예상	2027 전망
대통령 지지율(단위: %)	35	41	38 ± 2	37 ± 3	34 ~ 38
소비자심리지수(CCI)	100	99	101 ± 2	102 ± 3	98 ~ 104
실질가처분소득(단위: %)	0	0.3	0.6 ± 0.4	1.0 ± 0.4	0.4 ~ 1.4

Fig 33. 대통령 지지율, 소비자심리지수(CCI), 실질가처분소득 증가율 추이
(자료 출처: 대한경제포럼 경제 편집부)

현재 대통령 지지율은 여론조사 기준 약 41% 수준으로 집계되지만, 2025~2026년에 민생 정책이 체감되지 않거나 금리가 가파르게 오르면 35% 이하로 떨어질 수도 있다고 우려된다. 특히 이재명 대통령이 강조해온 '고용··소득 개선을 통한 민심 안정' 전략이 지연되면, 소비자심리지수(CCI)의 반등 시점도 늦춰질 가능성이 크다.

── 레임덕 '계단 효과' 시나리오

이재명 대통령은 "집권 후반기에 정책 추진이 힘을 잃는 이른바 '레임덕'을 최소화하겠다."라는 뜻을 누차 밝혀왔다. 그러나 과거 정부들의 패턴을 보면, 지지율 하락이 일정 폭에 이르면 정책 통과율과 공무원 집행 속도가 급감하는 '계단 효과'가 나타날 수 있다.

경고 단계(지지율 35-40%)가 약 6-9개월 지속되면, 국회에서의 정책 통과율은 절반 이하로 떨어지고, 공무원들은 '임기 말 행정' 분위기를 감지해 집행 속도를 늦출 수 있다.

단계	지지율	정책 통과율	공무원 집행 속도 (지수)	평균 기간 (분석 범위)
경고	35 ~ 40%	22 → 14%	92 → 86	6 ~ 9개월
심화	30 ~ 35%	14 → 8%	86 → 78	9 ~ 15개월
고착	≤30%	≤5%	≤75	15개월 이후

Fig 34. 대통령 지지율에 따른 정책 통과율, 공무원 집행 속도, 평균 기간 변화
(자료 출처: 2000~2022년 4개 정부 행정안전부 · KDI 공동 분석)

이재명 대통령이 이재명 정부의 핵심 공약인 "디지털 국정 개혁"을 강조하는 이유도, 권력 후반부에 나타날 관료 조직의 관망 심리를 줄이겠다는 의도로 해석된다.

이재명 정부는 민심 이탈을 방지하고자, 월간 성과 공개와 정책 형평성 지수 도입을 검토 중이다. 이는 이재명 대통령의 '정책 체감도' 철학과도 맞닿아 있다고 청와대 핵심 관계자는 전한다.

월간 성과 공개는 고용·물가·주거비 등 6개 국민 체감 지표를 매달 발표하고, 해당 정책 담당 부처가 직접 브리핑하는 자리다. 이를 통해 '정부가 실질적으로 무엇을 하고 있는지'를 국민이 쉽게 파악하게 된다. 국정 체감 격차가 줄어들면, 지지율 낙폭도 완화될 가능성이 있다는 분석이다.

또한 복지·세제 수혜를 소득 분위별로 집계해 정책 형평성 지수로 정리하여 매 분기 발표한다. 이재명 대통령은 취임사에서 "국민 모두가 공정한 몫을 누릴 때 사회 통합이 이뤄진다."라고 강조한 바 있는데, 이 지수를 통해 '어느 계층이 어떤 혜택을 얼마나 받는지'를 투명하게 공개하면, '정책은 특정 계층만을 위한 것'이라는 불신을 줄일 수 있다고 본다.

이런 배경에는 미국, 프랑스, 일본의 사례가 있었다. 실제로 미국 오바마 2기 정부, 프랑스 올랑드 정부, 일본 스가 정부가 체감지표 개선에 얼마나 성공했느냐가 지지율에 큰 영향을 미쳤음을 확인할 수 있다.

국가 / 정부	지지율 저점	체감지표 반등 시기 (분기)	지지율 회복폭	시사점
미국 / 오바마 2기	37%	+2	+65%	고용·주가 선행 회복
프랑스 / 올랑드	20%	-	+1%	체감 개선 없이 반등 어려움
일본 / 스가	33%	+1	+4%	백신 접종 가속, CCI 회복 효과

Fig 35. 지지율 회복 국제 사례
(자료 출처: 대한경제포럼 경제 편집부)

오바마 2기 때는 고용지표와 증시가 먼저 반등해 지지율도 6%포인트 높아졌지만, 올랑드 정부는 실업률 하락에 실패해 지지율이 계속해서 바닥을 기였다. 일본 스가 정부는 백신 보급 속도를 끌어올려 소비자심리지수가 빠르게 반등했고, 이에 지지율이 소폭 회복했다는 평을 받는다.

이재명 정부가 추진하는 주요 지표인 지지율, 소비자심리지수(CCI), 실질가처분소득 가운데 두 항목 이상이 동반 하락하고, 대통령 지지율이 35% 이하로 떨어지면 사실상 레임덕 1단계에 접어든다고 보는 시각이 우세하다. 그러나 '경제가 국민에게 체감되는 시점'이 지지율 하락보다 2~3개월 앞서온다면, 레임덕 충격을 40% 이상 완화할 여지가 있다는 시뮬레이션 결과도 존재한다.

이재명 대통령은 취임사에서 "정책은 국민이 체감할 때에만 의미를 가진다."라며, 이재명 정부는 구체적인 체감 정책과 투명한 지표 공개를 통해 민심 이탈을 늦추겠다고 공언한다. 정책의 성과가 어떤 속도로 국민에게 전달되는지에 따라, 집권 후반부가 '국정 동력 유지'로 이어질지, 아니면 '레임덕 가속'으로 귀결될지가 갈릴 전망이다. 무엇보다도, 언론·야당·시민사회와의 소통을 강화해 '숫자로만 보는 성장'이 아닌 '국민이 느끼는 체감 성장'을 우선하겠다는 것이 이재명 대통령의 핵심 기조라는 평가다.

금리, 기후, 전쟁
예측 불가능한 변수에 대처하는 법

핵심 질문은 이렇다. "동시다발·장기화 되는 글로벌 충격이 겹칠 때, 한국 경제는 얼마만큼 버텨낼 여력이 있는가?" 이재명 대통령은 취임사에서 "국경 없는 위기의 시대에, 국민이 안심할 수 있도록 준비하는 것이 국가의 최소한의 책임"이라고 강조했다. 이재명 정부는 이를 구현하기 위해 금리, 기후, 지정학 등 예측하기 어려운 리스크에 대비해 복합 방파제를 구축하겠다는 구상을 내놓았다.

정부와 전문가들은 특히 금리 쇼크, 기후·수급 위기, 지정학적 충돌을 블랙스완(경제계에서 예상하지 못한 리스크라는 뜻으로 쓰는 말)으로 지목하고, 각각의 발동 트리거와 충격 파급을 정리했다.

변수	발동 트리거 (가정)	1차 충격	2차 파급	대응 패키지 (예상)
금리 쇼크	미 연준 150 bp 추가 인상	원/달러 1,550	– 코스피 –18% – PER 10배	– 유동성 40조 – 기준금리 동결
기후·수급	– EU 가뭄 – 미국 폭염	식량지수 +25%	CPI +1.2%포인트	– 식량 관세 0% – 바우처 2조
지정학 충돌	대만해협 위기	반도체 공급 –20%	ICT 수출 –7%	– 전략물자 비축 2배 – R&D 펀드 5조

Fig 36. 발동 트리거에 따른 예상 충격과 예상 파급
*충격 수치는 ±20% 오차 가능, 복구 기간은 ±3개월 변동 가능
(자료 출처: 대한경제포럼 경제 편집부)

이재명 정부는 금리 쇼크가 터지면 유동성 40조 원 규모의 긴급 지원책과 기준금리 동결 카드로 시장을 안정화한다고 밝힌다. 기후·수급 위기가 발생하면 식량 긴급 관세 0%와 2조 원 규모 식량 바우처를 즉시 공급하겠다는 계획이다. 대만해협 등 지정학적 분쟁으로 반도체·ICT 수출이 타격을 입을 경우, 전략물자 비축을 기존보다 두 배 확충하고 R&D 펀드 5조 원을 투입해 2차 피해를 줄이겠다는 구상이다.

한국은행과 KRX가 공동으로 개발한 DSGE(동태확률일반균형) 모델에, 공급망 시뮬레이션 모듈을 추가해 '3중 충격'을 가정하면 2년간 GDP 손실이 6.2%에 이를 것이라는 결과가 나온다. 그러나 이재명 정부가 계획 중인 대응 패키지(유동성·물류·에너지 안정) 등을 가동할 경우 GDP 손실은 3.4%로 완화될 것이라는 낙관적 전망도 제시된다.

이재명 정부 측은 "최악의 상황을 가정한 시나리오"라고 강조하지만, 이재명 대통령은 취임사에서 "최악을 상정하고 준비하는 것이야말로 국가가 해야 할 역할"이라고 부연했다. 민간 전문가들은 "예측의 범위를 넓히고, 방어책의 실효성을 수시로 점검해야 한다."라고 제언한다.

복원력 로드맵 - 단계별 목표

단계	핵심 조치 내용
72시간	- G20 핫라인 가동 - 글로벌 금융·물류 공동 메시지 발신 - 한·미·EU 통화당국과의 긴급 소통
2주	- 통화스왑·유동성 패키지 집행 - 식량·에너지 비축분 방출 - 부처별 재정 우선순위 조정
6개월	- 공급망 안정 복구 - 제조업·소비재 가격 회복 - ICT·반도체 분야 물류 병목 해소

Fig 37. 3단계 복원 로드맵과 대응 핵심 조치
(자료 출처: 대한경제포럼 경제 편집부)

이재명 정부가 제시한 복원력 로드맵은 72시간, 2주, 6개월 세 구간으로 나뉜다. 이는 이재명 대통령이 내세운 '신속한 대응' 원칙과 맥을 같이한다. 첫 72시간 동안은 G20 차원의 핫라인을 가동해 글로벌 금융·물류 위기에 공동 대응 메시지를 발신하고, 한·미·EU 등 주요 통화당국과의 긴급 소통 창구를 마련하는 데 집중한다. 이어지는 2주간에는 통화스왑과 유동성 지원 패키지를 집행하고, 식량·에너지 비축분을 탄력적으로 방출하며, 부처별 재정 투입의 우선순위를 재조정해 시장 충격을 흡수한다. 마지막 6개월 구간에서는 ±3개월의 시간차를 고려해 필수 제조업과 소비재 가격 회복을 유도하고, ICT 및 반도체 분야의 물류 병목을 해소하는 등 공급망 안정화를 본격 추진한다. 이재명 대통령은 반복적으로 "긴급한 위기는 몇 달 간격의 느린 대응으로는 해결되지 않는다."라며, 초기 72시간 안에 대응 체계를 가동해야 파급 효과를 최소화할 수 있다고 강조해왔다.

특히 달러 인덱스가 110을 돌파하면 단기외채 대비 외환 보유액 비율이 40%에 육박할 가능성이 크다는 우려가 있다. 이 경우를 대비해 이재명 정부는 외평채 100억 달러를 발행하고 한·미 통화스왑 600억 달러를 재협상하는 방안을 검토하는 중이다.

하지만 여전히 전문가들은 기후-사이버 복합 재난, 외환 방어선 문제를 취약 부문으로 꼽는다. 이재명 정부 역시 이에 대한 보강책 마련을 시급 과제라는 의미다. 태양광 대정전과 금융망 해킹이 동시에 발생하면 GDP 손실이 기존 예측 대비 1.6배로 늘어날 수 있다는 시뮬레이션도 나왔다. 이를 대비해 5조 원 규모의 '그린 디지털 안전모' 펀드를 조성해 전력망과 통신망 복원력을 강화해야 한다는 의견이 부상하고 있다.

외환, 공급망, 식량 방파제가 순서대로가 아닌, 동시에 타격받을 위험이 갈수록 커진다. 이재명 대통령은 이재명 정부 출범식에서 "한 번에 한 문제씩 대응하던 시대는 지났다. 이제 여러 문제를 한꺼번에 맞이할 '멀티버스 위기'를 상정해야 한다."라고 말하기도 했다.

정부 위기 모형에 따르면 '달러·유가 스파이크, ICT 공급 차질, 식량 가격 급등'이 6개월 내 연속 발생할 확률을 7~12%로 추정 중이다. 작은 수치 같지만, 최악의 시나리오가 현실화하면 기존 방파제의 70~80%만 가동돼도 완충이 어려울 수 있다는 뜻이라고 당국은 설명한다.

결과적으로, 이재명 정부는 대외 충격에 맞서기 위해 금리·기후·전쟁 변수마다 캡슐화된 대응책을 준비하며, 유연성을 최우선하려는 계획이다. 이재명 대통령은 "상황이 달라지면 원안도 신속히 조정할 수 있는 기동력을 갖추는 것이 국가 리더십의 핵심"이라고 강조했다. 한국 경제가 현 위기를 넘어서며 중장기적 신뢰를 쌓으려면, 예측 불가능성에 대응하는 민첩한 정책과 견고한 협업 체계가 무엇보다 중요하다는 게 전문가들의 공통된 견해다.

이재명 정부가 출범할 당시, 이재명 대통령은 취임사에서 "정부는 약속을 한다기 보다, 국민과 함께 실행해나가는 것"이라고 밝혔다. 그러나 최근 재정, 정치, 민심, 글로벌 변수 등이 얽히면서, 좋은 정책이 입안돼도 현실의 '벽'을 어떻게 넘을 것인가에 대한 고민이 남는다.

제5부
재편과 전환의 시대

이재명 정부가 안은 과제

평가 그리고 기준
앞으로를 무엇으로 평가할 것인가?

이재명 대통령은 취임사에서 "과도한 낙관도 금물이고, 스스로 실패를 낙인찍는 비관도 금물"이라는 말을 남겼다. 즉, 정부 정책의 성공과 실패를 단정 짓는 대신, 얼마나 목표에 접근했고, 어떤 부분이 미흡한지 살펴보는 과정이 중요하다는 메시지다.

정부는 성장·일자리, 분배·복지, 녹색·혁신 세 범주를 '중간 점검'하기 위해 아래와 같은 이중 스코어보드를 만들었다. 경제성장률, 취업자 증가와 같은 전통적 거시지표와 Gini 계수, 재생에너지 발전 비중과 같

—— 중간 점검에도 방법이 필요하다

카테고리	지표	목표 (25~30)	2027 중간 실적 예상	예상 달성률*
성장·일자리	실질 GDP 성장률 (연평균, %)	3.0	2.7 ± 0.3	90%
성장·일자리	취업자 순증 (만 명)	+100	+65 ± 10	65%
분배·복지	Gini 계수	0.330	0.335 ± 0.004	40%
분배·복지	저소득층 소득증가율 (%)	+2.5	+1.6 ± 0.4	64%
녹색·혁신	재생에너지 발전 비중 (%)	30	26 ± 3	70%
녹색·혁신	AI·반도체 R&D 투자 (조 원)	15/연	13 ± 1	87%

Fig 38. 평가 범주별 이중 스코어보드
*예상 달성률 계산: 중간 실적 ÷ (목표 × 0.6) - 임기 5년 중 3년차 점유율 기반
(자료 출처: 대한경제포럼 경제 편집부)

제5부 재편과 전환의 시대

은 질적 지표를 동시에 살펴야 한다는 것이 이재명 대통령의 철학이라고, 정부 관계자는 설명한다.

성장·일자리는 목표 대비 80~90% 수준에 근접하게 되면 '비교적 건실한 흐름'이라는 평가가 나올 예정이다. 다만 금리·교역 변수가 악화하면 취업자 증가 폭이 60만 명 밑으로 떨어지면 위기의 신호로 봐야 한다. 분배·복지 부문은 중간 예상 Gini 계수가 0.335 정도로, 정부가 약속한 0.330에는 미치지 못한다. '체감 격차'를 해소하려면 나머지 2년 동안 추가 재정 투입 또는 세제 개혁이 불가피하다는 의견이 제기된다. 녹색·혁신 카테고리에서 재생에너지 발전 비중은 26%±3, AI·반도체 R&D 연간 투자액은 13±1조 원 수준으로 전망됐다. 송전망 병목, 지역 주민 반대 등으로 전환 속도가 다소 늦춰질 수 있다는 지적이 나오지만, 전체적으로는 '궤도 진입' 단계가 될 것이라는 내부 평가다. 이재명 대통령은 "하나의 지표만 봐서는 안 된다. 속도와 승차감, 모두를 보듬어야 한다."라고 강조하는데, 이러한 '이중 스코어보드'는 그 철학을 체화

시나리오	성장률 (%)	Gini 계수	재생에너지 비중(%)	코스피 시총/GDP	코멘트
낙관	3.1	0.33	30	115%	- 글로벌 금리↓ · 수출↑ - 재정 확장 A안 안정집행
기준	2.8	0.335	28	120%	- 현재 정책 유지 - 자산 거품 '주의' 구간 진입 가능
비관	2.3	0.34	25	127%	- 긴축 전환+달러 강세 - 자산 버블 '경고' 구간 넘어

Fig 39. 2028년 중간 성적 시나리오
*판단 기준: 성장률 2.8%, Gini 0.335, 재생에너지 28%, 버핏지수(시가총액/GDP) 120% 선을 "절반 성공 / 절반 숙제"의 기준선으로 삼는다.
(자료 출처: 대한경제포럼 경제 편집부)

한 평가 기준이 될 것이다. 또한 이재명 정부는 2028년 중간 성적표를 낙관, 기준, 비관 세 가지 시나리오로 나눠 평가할 예정이다.

여기에 더해 정책-경제-시장의 매트릭스 사이에서 확장 재정, 구조조정·증세, 녹색·AI 투자 등 주요 지렛대에 따른 경제성장·분배·재정건전성·자산시장 영향, 그리고 각각의 부작용을 요약한 자료를 냈다.

지렛대	경제 성장 효과	분배 개선	재정 건전성	자산 시장 리스크	한계 및 부작용
확장 재정 (선별)	▲▲	▲	▼	▲	금리 상승 압력 ▲
구조조정 및 증세	▼	▲▲	▲▲	-	정치적 저항 ▲▲
녹색·AI 투자	▲▲	-	▼	▲	기술 편향·고용 편차(양극화) ▲

Fig 40. 주요 지렛대 효과에 따른 경제 효과 분석
▲(개선/증대) / ▼(악화/부담) / -(중립)
(자료 출처: 대한경제포럼 경제 편집부)

확장 재정은 성장·분배엔 도움이 되지만 재정건전성과 자산시장 과열을 유발할 수 있고, 구조조정·증세는 재정건전성과 분배 개선에 유리하지만 성장률은 제약된다. 녹색·AI 투자는 미래 산업 기반을 키우지만 기술 편향으로 고용이 특정 직종에만 몰릴 수 있다는 비판도 있다. 이재명 정부 관계자는 "확장 재정·구조조정·녹색투자가 균형 있게 결합돼야 '성장의 질'을 지키면서도 분배·재정·자산시장 리스크를 최소화할 것"이라고 강조했다.

한국 경제사에서 과거 개혁 정부들은 '고속 성장 vs. 균형 성장'이라는 스펙트럼에서 회색지대를 벗어나지 못했다. 이재명 정부 역시 비슷

한 갈림길에 서게 되면, '절반의 성공, 절반의 숙제'로 기록될 가능성이 크다고 전문가들은 본다.

지속 가능한 성장 전략은 단순한 속도 경쟁이 아니라 구조의 정밀도에서 출발한다. 예컨대 성장률을 0.3%포인트 끌어올리기 위해 채무를 2%포인트 더 부담하는 방식은 '미래를 위한 선지출'로 정당화될 수 있지만, 고비용·저효율 지출이 병행될 경우 재정 승수 효과는 급격히 떨어진다. 분배와 시장의 안정을 위한 접근도 '연착륙'이라는 일회성 조정보다는 '지속적 캘리브레이션'이라는 반복적 조정이 핵심이다. 실제로 지니계수가 0.34를 넘고 버핏지수가 125%에 도달할 경우, 투자 심리와 민심이 동시에 흔들릴 수 있다는 경고가 제기된다. 무엇보다 중요한 변수는 정치·사회에 대한 신뢰다. OECD 패널 연구에 따르면, 같은 재정 적자라 해도 정책 신뢰가 높을수록 성장률 손실은 0.1%포인트 줄고 거품 위험은 10% 낮아진다. 반대로 신뢰 지수가 낮으면 정책의 효과는 반토막에 그친다. 구조와 속도, 신뢰의 정교한 균형이 이 시기의 핵심 과제다.

이재명 정부의 첫 3년은 '위기를 기회로 만들 기초 공사'가 될 예정이다. 이후 2년은 그 공사가 불러올 외부효과를 조정해 '완성도'를 높이는 시간이 될 가능성이 높다. 거시·혁신 부문 90점을 95점으로 높이는 것보다, 분배·시장 안정 60점을 70점으로 끌어올리는 편이 전체 평점을 더 크게 올릴 수 있다는 의견도 많다. 결국 이재명 대통령이 취임사에서 강조한 "채무·불평등·버블, 세 마리 고삐를 얼마나 단단히 잡느냐"가 5년 뒤 이 정부의 성적표를 결정짓는 관건이라는 평가다.

경제가 달라지면
정말로 국민의 삶이 나아질까?

이재명 정부가 내건 경제·복지 어젠다는 '성장은 곧 체감이어야 한다'는 이재명 대통령의 철학을 반영한다. 정부가 중간 점검용으로 제시한 네 가지 생활지표인 소득, 자산, 주거, 삶의 만족도는 숫자 자체보다 분포와 속도에 방점을 찍는다. 경제지표가 전진해도 체감지표가 뒤따라오지 못하면 분배 불만과 정책 불신이 동시에 증폭된다는 것이 대통령의 일관된 문제의식이다.

지표	2024 Baseline	2027 낙관	2027 예상 중간값	2027 비관	정책 기여도*
중위가구 실질소득 증가율	0.6%	2.0%	1.6%	1.1%	▲ 0.7 p
주거비 부담률	22%	19%	20%	21%	▲ 1.5 p
삶의 만족도	6.5점	7.1점	6.9점	6.7점	▲ 0.4
사회적 이동성 지수	55	66	62	58	▲ 8
가계부채 /가처분소득	170%	168%	172%	178%	▼ 3

Fig 41. 소득·자산·주거·삶 – 4대 체감지표 예상
*정책 기여도는 '정책이 없었다면' 추정치와 대비한 개선·악화 폭이다.
(자료 출처: 대한경제포럼 경제 편집부)

정부 분석에 따르면 추가 재정 확장과 기준금리 3.5% 유지가 동시에 작동하면 중위 가구 실질소득 증가율이 1.6% 안팎까지 올라가고, 주거

비 부담률이 20% 선으로 떨어질 여지가 크다. 반대로 긴축 전환과 금리 4% 돌파가 겹치면 소득 개선이 1%대로 주저앉고 주거비 부담이 21%로 다시 오르는 그림이 나온다. 삶의 만족도는 문화·보육 바우처 확대에 힘입어 6.9점까지 끌어올릴 수 있지만, 가계부채/가처분소득 비율이 172%를 넘으면 체감 개선 효과가 상당 부분 상쇄될 수 있다는 점을 당국은 경계한다.

이재명 정부는 지표의 평균만큼 분포도 중시한다. 소득 하위 20%의 증가율을 낙관 3.2%, 비관 1.4%로 잡고 상위 20%와의 격차를 최대 1.2%포인트까지 줄이는 것을 목표로 두고 있다. 20·30대 주거비 부담률은 전·월세 전환 지원으로 최적 시나리오에서 28%에서 25%까지 낮추지만 분양 일정이 미뤄지면 27% 선에 묶일 가능성이 있기 때문에, 국토교통부는 3기 신도시 토지 보상 속도를 지표 관리의 사실상 문제를 해결할 열쇠로 본다. 수도권과 비수도권의 삶의 만족도 격차도 SOC·문화 인프라 투자 지연 여부에 따라 0.2점까지 벌어질 수 있어, 기획재정부와 행안부가 예산 조기 집행을 '연착륙 장치'로 설정했다.

만일 금리가 4%를 상회하고 가계부채가 가속되면 중위소득 증가율이 −0.3%포인트까지 깎일 수 있다는 한국은행 시뮬레이션이 있다. 정부는 이때 DSR 한시 완화와 15조 원 규모 안심전환대출을 투입해 9~12개월 안에 충격을 흡수한다는 계획을 세웠다. 주택 공급 난맥이나 전세 가격 스파이크가 발생하면 3기 신도시 분양가 상한·전세안심보증을 결합해 1년 반 안에 주거비 부담률을 원위치시킨다는 로드맵도 제시됐다. 식료품·에너지 가격 급등 시에는 저소득 생계 바우처 2조 원과 관세 인하로 6~9개월 내 CPI 상승분을 되돌린다는 방안이 포함됐다.

── 실제로 체감되어야 한다

이재명 대통령은 "재정은 숫자가 아니라 체감으로 귀결되어야 의미가 있다."라고 강조한다. 이에 따라 기획재정부가 산출한 패키지별 기대효과는 다음과 같다.

정책 묶음	주요 수단	예상 체감 지수 개선	연간 비용
소득 촉진	- 근로장려세제 상향 - 전환교육 투자	소득 +0.4p	4.2조
주거 완화	- 공공임대 10만호 공급 - 청년 월세보조	주거비 −1.0p	3.8조
삶의 질	- 문화·돌봄 바우처 - 주 4.5일 시범	만족도 +0.3	2.5조
부채 안전판	- 총부채 원리금상환 보험 - 장기 고정금리 인센티브	부채 비율 −2p	1.9조

Fig 42. 분야별 체감 개선 전략과 비용 구조
(자료 출처: 대한경제포럼 경제 편집부)

재정 총력보다 고효율 지출이 전제다. 기재부는 "각 패키지의 파급계수(PG)가 0.8 이상이어야만 실제 체감지표에 +1점 효과가 나온다."라는 내부 분석을 제시했다. 모형 상으로는 정책 패키지가 예정대로 집행되고 금리가 3% 중반에 머무르면 체감 격차가 2024년 대비 30%쯤 줄어든다. 하지만 주거비·부채 개선이 더디면 축소 폭이 20% 선에 머물 것이고, 금리와 전세 가격이 동시에 튀면 10%대에 그칠 가능성도 배제할 수 없다. 이재명 정부가 '평균'보다 '분포'를 강조하는 이유가 여기에 있다.

이재명 대통령은 "숫자가 아닌 삶"이라는 구호를 내걸었다. 결국 소득·주거·만족도 격차를 30% 줄이려면 최대한 빨리 결과가 드러나야 하고, 고효율 지출이 동반되어야 한다. 거시 성적표가 아무리 좋아도 체감 평점이 뒤따라주지 않으면, 국민이 느끼는 개선은 '절반의 체감'에 그칠 수 있다는 점을 정부는 인정한다.

무엇을 남기고, 무엇을 지울 것인가?

이재명 정부가 앞으로 남길 '유산'과, 다음 정권에서 재편될 가능성이 높은 임시 조치와 규제를 유형별로 가늠해보자. 정책들을 콘크리트, 캡슐, 종이라는 세 층으로 나누어서, 존속 가능성과 그 타임라인을 밝히고, 왜 남거나 사라질 수밖에 없는지 이유를 봐야 한다. 이재명 대통령은 취임사에서 "국가 정책은 후대가 쓰는 자산이어야 한다."라고 말했지만, 정치, 재정, 시장 변수는 늘 내용을 바꾼다. 결국 정책의 생존력은 매몰 비용, 제도 의존성, 시장 신호라는 세 가지 잣대 위에서 결정된다는 것이 정부 내부 진단이다.

── 임기가 끝나도 남아있을 유산

건설보다 철거가 어려운 영역이 있다. HVDC 전력망, AI 데이터 센터, GTX·KTX 사업은 이재명 정부 이후에도 존속이 유력한 인프라다.

높은 매몰 비용과 민간 계약, 전력·물류 수요가 이들 사업의 중단 가능성을 낮추며, 결국 정권을 넘어 남게 될 '시스템형 유산'으로 봐도 무방할 것이다.

  HVDC 망은 2030 국가 온실가스 감축목표(NDC)에 맞춰 신재생 전력을 대량 이송하는 '전력 고속도로'로 설계됐다. 환경부·산업부 공동 시뮬레이션에 따르면 2030년까지 재생에너지 비중 30 %를 달성하려면, 기존 교류망만으론 송전 손실이 14 %에 달해 전력 단가가 급등한다. 반면 HVDC는 손실을 6 % 안팎으로 억제할 수 있어, 가동 이후 15년간 누적 전기요금 절감액이 9조 원을 웃돈다는 추정이 나온다. 이미 변전소 부지 매입과 지중화 공정이 30 % 이상 진행돼 '중단 리스크는 매몰 비용 폭증'이라는 국토부 내부 평가가 설득력을 얻는다. AI 데이터 센터 역시 민간 클라우드·대형 모델 학습 수요가 동반 성장하고 있어 '과잉 공급' 우려가 크지 않다. 가동률 60 %만 넘겨도 전력 단가·임대료를 맞출 수 있다는 경제성 분석이 나왔고, 카카오·네이버·삼성 등이 공동 투자한 3 GW 중 1 GW는 이미 사전 계약이 끝났다. GTX B·C 노선과 KTX 고속화 사업은 노선·부지가 사실상 확정 단계다. 인허가가 끝난 뒤 공사를 접으면, 소송·보상 비용만으로 새 예산의 30 %를 까먹는다는 감사원 추정을 정부도 부인하지 않는다. 결국 '철거가 비싸서 존속'이라는 냉엄한 매몰 비용 논리가 콘크리트 레거시를 지탱한다는 결론이 도출된다.

분류	대표 사업	사업 규모	존속 확률	근거 및 비고
그린 전력망	초고압 직류(HVDC) 동·서·남·북 망 확보	12조 원	85%	설비 가동률· 탄소 목표 연동
AI 데이터 센터	전국 6대 거점(3 GW) 클라우드 및 허브 건립	9조 원	80%	민·관 수요 지속 시 민간 투자 40% 배치
국가균형 SOC	GTX B·C/KTX 고속화 및 지역 복합역 유치	18조 원	75%	노선·부지 확정 중단 시 불실익

Fig 43. 존속 가능한 인프라 시스템
(자료 출처: 대한경제포럼 경제 편집부)

── 존속을 확신하기 어려운 과제

이재명 정부의 기본소득 2단계, 군 문민화, 국민소환제는 모두 개념 설계는 갖췄지만, 재정 부담, 안보 논란, 정치 구조와 충돌하며 존속이 불확실한 영역이다. 여야 간 이견과 외부 변수에 따라 추진 여부가 갈릴 수 있어, 이들 과제는 이재명 정부가 실제로 남길 수 있을지 예측 불가능한 영역으로 분류된다.

정책·제도	2027년 예상	재검토 확률	쟁점 키워드
기본소득 2단계	저소득 → 전 국민 확대	65%	재원·증세·형평성
군 문민화 로드맵	국방부 민간 이중 결재 체계 시범	60%	안보·전문성
국회의원 국민소환제	상임위 수정안 계류	55%	대의제 vs 직접제

Fig 44. 존속 불투명한 정책 및 제도 3안과 예상 시나리오
(자료 출처: 대한경제포럼 경제 편집부)

기본소득 2단계는 2026년부터 1인당 월 30만 원 지급을 목표로 설계됐으나, 재원 조달 계획이 '소득세 최고구간 5%포인트 인상 + 탄소세 20조'에 의존한다. 여당조차 물가·금리 가속 국면에서 증세 선언이 부담스럽다. 야당은 "전 국민 지급보다 취약계층 집중지원이 효율적"이라는 논리를 앞세워 단계적 보완을 요구한다. 65%라는 재검토 확률은, 총선 이후 재정 상황을 이유로 속도 조절론이 힘을 받을 것이라는 국회예산정책처 시나리오를 반영했다.

　군 문민화 로드맵은 합참 의장·3군 참모총장 인사권 절차를 민간 위원회와 이중 결재하도록 설계했다. 국방부 정책실무평가에선 '전시 지휘체계 혼선' 리스크를 제기하며 단계별 보완을 권고했다. 보수 야당이 안보 프레임을 들고나오면 재검토 확률이 60%를 넘길 가능성이 높다. 국회의원 국민소환제도 대의제 근간을 흔든다는 비판과 "정치 불신 해소"라는 긍정 논리가 충돌해, 55%라는 '동전 던지기' 수준의 불확실성을 안고 있다.

── 잠정적으로 사라질 조치

　총부채원리금상환비율(DSR) 완화, 양도세 중과 유예, 유동성 담보인정비율(LTV) 상한 등은 대부분 거시 리스크에 대응한 한시적 조치로, 이재명 정부 임기 종료와 함께 사라질 가능성이 큰 영역이다. 특히 가계부채/GDP가 105%에 근접하고 거래량·세수가 회복되면, 규제 정상화 압력이 높아진다. 결국 이 조치들은 정권과 함께 퇴장할 '임시방편형 유산'에 가깝다.

조치	종료 시한	임기 종료 후 시나리오 (가능성, %)	주요 영향
한시 DSR 완화	2028	연장, 30 / 정상화, 70	가계대출, 주택거래
양도세 중과 유예	2027	재유예, 40 / 복원, 60	다주택 매물, 세수
유동성 LTV 상한 35%	2027	완화, 25 / 유지, 75	개인 레버리지

Fig 45. 대통령 임기 종료 후 조치 유지 예상 시나리오와 영향
(자료 출처: 대한경제포럼 경제 편집부)

    금융위원회 내부 가이드라인은 가계부채/GDP가 105 %를 넘으면 '자동 정상화 수순'을 밟도록 권고한다. 2026년 말 기준치가 104 %로 추정되기에, 2028년 한시 총부채원리금상환비율(DSR) 완화 연장은 쉽지 않다. 다만 주택 경기 급랭과 실업률 동반 상승이 맞물리면 연장 30 % 시나리오가 살아난다. 양도세 중과 유예는 서울·수도권 거래량·세수 2년 변동이 핵심 트리거다. 2026년 거래량이 팬데믹 저점(2023) 대비 70 % 이상 회복될 경우, 기재부는 세수 확보를 위해 원복에 무게를 둘 것이라는 관측이 우세하다.

    유동성 담보인정비율(LTV) 상한 35 %는 개인 레버리지 안전판으로 평가받아 '연장보단 유지' 쪽 가능성이 75 %로 집계됐다. 한은·금융위 합동 리스크 리포트는 "상한을 완화하면 신용융자·P2P 대출이 다시 급증해 변동금리 리스크가 되살아날 것"이라고 경고한다.

—— 콘크리트는 기억하고, 종이는 망각한다

    정책의 생존력을 '재질'에 빗대면 이해가 빠르다. 콘크리트 인프라는 이미 땅에 박힌 자산으로, 철거보다 완공이 싸다. 캡슐형 제도는 정치·

재정 환경에 따라 언제든 봉인·개봉이 가능하며, 종이 규제는 법령 몇 줄로 시작되고 시장 스트레스 지표가 정상 범위로 돌아오면 자동 종료된다.

콘크리트는 매몰 비용이 역전된 상태에서 존속 확률이 80% 이상이며, 핵심은 완공 속도와 품질 관리다. 캡슐은 재정, 안보, 민주성이라는 삼중 필터를 요구하며, 사회적 합의와 예산 증빙이 함께 뒷받침되어야 한다. 종이는 가계부채나 버핏지수 같은 스트레스 트리거와 연동돼 자동 종료 또는 재개되도록 설계할 때 예측 가능성이 높아진다. 즉 각 정책에는 그 성질에 따른 정확한 기준과 유연한 대처가 필요하다.

이재명 정부의 미래 과제
3대 관문과 3대 레버

2025년 6월, 이재명 정부는 이재명 대통령의 리더십 아래 대한민국의 새로운 도약을 준비하고 있다. 그의 취임사에서 강조된 "국민이 주인인 나라, 공정과 기회의 나라"라는 비전은 단순한 수사가 아니다. 이는 가난과 역경을 딛고 일어선 이재명의 삶과, 그가 성남시장 및 경기도지사 시절 지역 경제와 약자를 위해 추진했던 정책에서 비롯된 철학이다. 그러나 이러한 비전이 현실이 되기 위해서는 재정 건전성, 디지털·탄소 전환, 그리고 복합 위기 대응이라는 3대 관문을 넘어야 한다. 이재명 정부는 이를 위해 '정밀 지출', '전환 배당', '모듈 캡슐'이라는 3대 레버를 제시하며, 2030년까지 지속 가능한 성장을 목표로 한다.

── 재정 궤적 관리 - 속도제한 60, 엑셀 80

이재명 정부는 재정 건전성과 경제 성장을 동시에 추구하는 '정밀 확장' 전략을 채택했다. 이재명 대통령은 취임사에서 "국가는 국민의 삶을 지탱하는 든든한 울타리가 되어야 한다."라고 강조하며, 재정 정책이 국민의 삶에 직접 기여해야 함을 역설했다. 정부는 2030년까지 국가 채무 비율을 GDP 대비 60% 이하로 유지하며, 연평균 재정수지를 2.0~3.0% 수준으로 관리하는 것을 목표로 한다. 이는 재정 건전성을 지키면서도 성장 동력을 잃지 않으려는 균형 잡힌 접근이다.

2025년 기준으로 정부는 세 가지 재정 궤적 시나리오를 제시했다. 낙관(정밀 확장), 기준(혼합), 비관(조기 긴축) 시나리오를 바탕으로 재정 궤적을 전망한다. 낙관 시나리오에서는 채무 비율을 60%로 유지하며 연평균 재정수지 3.0%, 10년물 국채금리 3.0~3.5% 범위를 목표로 한다.

시나리오	채무/GDP (2030년 목표)	연평균 재정수지	10Y 국채금리 범위 (%)	성장률 기여 (평균 p)
낙관 (정밀 확장)	60%	3.0%	3.0 ~ 3.5	+0.35
기준 (혼합)	58%	2.5%	3.2 ~ 3.7	+0.25
비관 (조기 긴축)	56%	2.0%	3.4 ~ 4.0	+0.05

Fig 46. 2030년 목표 재정 궤적 시나리오
(자료 출처: 대한경제포럼 경제 편집부)

이 경우 경제 성장에 0.35%포인트 기여가 가능하다. 기준 시나리오에서는 채무 비율 58%, 재정수지 2.5%, 금리 3.2~3.7%로 성장 기여도가 0.25%포인트로 낮아진다. 비관 시나리오에서는 조기 긴축으로 채무 비율이 56%까지 낮아지지만, 성장 기여도는 0.05%포인트에 그친다.

이러한 전망의 바탕에는 정밀한 재정 운용이 요구된다. 이재명 정부는 투자 효과가 0.8 이상인 항목에 예산의 70%를 집중하고, 저효율 지출을 15% 조정함으로써 '정밀 확장'을 달성할 가능성을 45%로 보고 있다. 이는 이재명 대통령이 성남시장 시절 지역 화폐로 지역 경제를 활성화했던 경험을 연상시킨다. 그는 "국민의 주머니를 채우는 정책이 곧 성장의 동력"이라며, 재정 지출이 국민의 삶에 직접 기여할 수 있어야 한다고 강조했다.

이재명 정부의 재정 전략은 성장과 복지의 균형을 추구한다. 그러나 채무 비율 60%라는 '속도제한'은 경제 위기나 외부 충격에 취약할 수 있다. 이재명 대통령의 실용적 접근, 즉 성장 중심이면서도 공정을 잃지 않는 정책은 재정 건전성을 유지하면서도 국민의 삶을 개선하려는 의지를 보여준다. 다만, 정밀 확장의 성공은 저효율 지출 조정과 고효율 투자 선별이라는 세밀한 실행에 달려 있다. 이는 그의 철학이 단순한 이상이 아니라, 구체적 정책으로 구현되어야 함을 시사한다.

제2라운드 - 탄소·디지털 전환의 공정성

이재명 정부는 탄소중립과 디지털 전환이라는 글로벌 흐름을 피할 수 없는 과제로 인식한다. 이재명 대통령은 취임사에서 "미래는 준비하는 자의 것"이라며, 전환 과정에서 약자가 소외되지 않도록 공정한 정책을 설계하겠다고 약속했다. 이는 그의 '기본 사회' 철학, 즉 모두에게 공정한 기회를 보장해야 한다는 신념과 일맥상통한다. 그러나 탄소세와 디지털세 도입은 저소득층(하위 40%)의 실질소득에 각각 1.0%포인트와 0.4%포인트의 충격을 줄 것으로 예상된다.

이를 완화하기 위해 정부는 기후배당과 근로장려세제(EITC) 확장을 제안한다. 탄소세(50유로/톤) 도입 시 발생하는 연간 3.1조 원의 재정 부담은 기후배당 30% 환급으로 완화되며, 디지털세(글로벌 최저한세 15%)로 인한 1.9조 원의 부담은 근로장려세제(EITC) 확장(+0.3%포인트)으로 보완된다. 이러한 완화 패키지를 통해 저소득층 보전율 80% 이상을 확보하면, 소비 위축을 0.2%포인트 이내로 억제할 가능성이 높다.

항목	하위 40% 실질소득 충격 (추정)	완화 패키지 (안)	순재정부담
탄소세 (50유로/톤 도입)	1.0%포인트	기후배당 30% 환급	3.1조 원/년
디지털세 (글로벌 최저한세 15%)	0.4%포인트	근로장려세제(EITC) +0.3%포인트	1.9조 원/년

Fig 47. 탄소중립과 디지털 전환 방안과 충격 완화안
(자료 출처: 대한경제포럼 경제 편집부)

이재명 대통령은 이러한 정책을 통해 "미래 전환의 비용을 국민 모두가 공정하게 나누어야 한다."라고 강조했다. 이는 그가 경기도지사 시절 기본소득 실험을 통해 약자의 삶을 지탱했던 경험을 중앙 정부 차원으로 확대한 것이다.

탄소·디지털 전환은 필연적이지만, 그 과정에서 발생하는 불평등은 이재명 정부가 해결해야 할 핵심 과제다. 이재명 대통령의 기후배당과

근로장려세제(EITC) 확장은 약자를 보호하려는 의지를 보여주지만, 재원 마련과 소비 위축 방지는 여전히 숙제다. 그의 철학이 정책으로 구현되기 위해서는 전환세 수입의 30%를 즉시 환급하는 시스템의 투명성과 효율성이 필수적이다. 국민주권이라는 이름에 걸맞게, 전환의 혜택과 부담이 국민 모두에게 공정하게 돌아가야 한다.

트리플 쇼크 – 위기 대응 전략은?

이재명 정부는 외환·유동성, 공급망, 식량·에너지 위기를 트리플 쇼크(Triple Shock)로 규정하고, 이를 상시 대비 체계로 관리할 예정이다. 이재명 대통령은 취임사에서 "위기는 예고 없이 찾아오지만, 준비된 국가는 흔들리지 않는다."라고 역설했다. 국민의 안정된 삶을 지키는 정부의 역할을 강조했다. 이는 그의 실용적 리더십, 다시 말해 위기를 예측하고 대비하는 데서 국민주권을 실현한다는 철학을 반영한다.

정부는 세 가지 위기 모듈에 대해 상시 예산과 복구 기간을 설정했다. 외환·유동성 위기는 원/달러 환율이 1,450원을 초과할 경우 4조 원의 예산으로 4주 내 대응하며, 공급망 위기는 반도체 소재 20% 부족 시 3

위기 모듈	발동 트리거 (예시)	상시 예산	예상 기간	2025 기준 법제화 상태
외환 · 유동성	원/달러 1,450원↑	4조 원	4주	임시 고시
공급망	반도체 소재 20% 부족	3조 원	8주	시행령 초안
식량 · 에너지	곡물지수 +30%	3조 원	6주	예산안 계류

Fig 48. 위기 모듈 대응 예산과 예상 복구 기간
(자료 출처: 대한경제포럼 경제 편집부)

조 원으로 8주, 식량·에너지 위기는 곡물지수 30% 상승 시 3조 원으로 6주 내 흡수한다는 계획이다. 이를 위해 총 10조 원의 위기 예비비를 법정 상시 캡슐로 전환하면, 복구 기간을 30% 단축할 가능성이 있다.

이재명 정부의 위기 캡슐화 전략은 이재명 대통령의 실용적 진보주의를 보여준다. 그는 위기를 단순히 대응하는 데 그치지 않고, 국민의 삶을 지탱하는 체계를 구축하려 한다. 그러나 상시 예비비 10조 원의 법제화는 국회와의 협력 없이는 불가능하다. 그의 통합 리더십이 분열된 국론을 모으고, 위기 대응을 제도화하는 데 성공할지는 이재명 정부의 성패를 가를 열쇠다.

이재명 정부는 2030년까지 재정, 격차, 위기라는 3대 관문을 넘기 위해 '정밀 지출', '전환 배당', '모듈 캡슐'이라는 3대 레버를 제시하고 있다. 첫째, 정밀 지출은 성장·복지 승수 0.8 이상인 항목에 예산 70%를 집중하고, 저효율 지출을 연 0.5%포인트 감속해 채무 비율 60%를 유지한다. 둘째, 전환 배당은 탄소·디지털세 수입의 30%를 저소득층에 즉시 환급해 소비 위축을 0.2%포인트 이내로 줄일 확률을 60% 이상으로 높인다. 셋째, 모듈 캡슐은 10조 원 상시 예산과 위기 대응 매뉴얼로 복구 기간을 6개월에서 4개월로 단축한다.

이재명 대통령의 철학은 이 모든 정책의 중심에 있다. 그는 "국민의 삶이 곧 국가의 미래"라며, 정책이 국민의 손에 닿아야 한다는 신념을 보여준다. 이는 그가 성남시장 시절 지역 화폐로 약자의 삶을 지탱하고, 경기도지사 시절 기본소득으로 기회의 문을 열었던 경험에서 비롯된다. 그러나 2030년까지 3대 관문을 넘을 성공 확률은 40% 안팎에 불과하다. 다만, 정밀 지출, 전환 배당, 모듈 캡슐 중 두 가지 이상을 2027년까지 제도화하면 성공 확률을 60%까지 끌어올릴 수 있다.

이재명 정부는 이재명 대통령의 실용적 진보주의와 국민 중심 철학을 바탕으로 미래를 준비한다. 그러나 재정 건전성, 공정 전환, 위기 대응이라는 과제는 단순한 정책 이상의 통합과 참여를 요구한다. 이재명 대통령이 취임사에서 약속한 '국민과 함께 만드는 나라'는 그의 철학과 정책이 얼마나 조화를 이루느냐에 달려 있다. 2030년, 이재명 정부의 성과는 대한민국의 새로운 도약을 결정할 것이다.

한국형 성장 2.0
그 구조와 가능성

2025년, 탄핵과 조기 선거라는 격동의 정국 속에서 출범한 이재명 정부는 '새로운 5년짜리 사회실험'의 출발점이자, 한국 경제가 성장률·분배·복원력을 동시에 시험받는 무대가 되었다. 이 실험은 정치적 불확실성을 넘어선 정책 설계와, 정교한 실행 조건 위에 세워졌다. 불평등 완화, 녹색 전환, 디지털 도약이라는 세 기둥을 중심으로, 재정-성장 교환 관리, 정책 변형률 25% 마지노선, 체감 격차 축소, 복원력 매뉴얼의 네 개 방파제 그리고 정책의 재질별 속성이 겹겹이 얹혀 있다.

한국형 실험 끝에 정부가 남길 수 있는 것은 결국 숫자가 아니라 구조다. 콘크리트는 완공 품질과 속도가, 캡슐형 제도는 개봉 조건이, 종이 규제는 시장 스트레스와 연동된 종료 트리거가 핵심이다. 이재명 정부는 지금 '한국형 성장 2.0'의 초안을 손에 쥐고 있지만, 2030년 완성본을 제출하려면 다섯 개 핵심 열쇠 중 세 개 이상을 2027년까지 실현해야 한다. 그렇지 못할 경우, 성과는 퇴색하고 과제는 되레 증폭될 것이다.

제6부
미래 경제 예측 종합 리포트

투자 전략 그리고 리스크 대응

판을 바꾼 정부, 판에 올라탄 기업
정책과 성장 시나리오

2025년 6월, 이재명 대통령이 이끄는 이재명 정부는 "국민이 주인인 나라, 공정과 기회의 나라"라는 비전을 제시하며 경제 정책의 새로운 지평을 열었다. 그의 취임사에서 강조된 "국민의 삶이 국가의 중심"이라는 철학은 단순한 수사가 아니라, 성남시장과 경기도지사 시절 지역 화폐와 기본소득으로 약자의 삶을 지탱했던 그의 경험에서 비롯된다. 이재명 정부는 공정 경제, 혁신 산업, 지속 가능성을 핵심 키워드로 삼아, 친환경 에너지, 디지털 혁신, 미래차, K-콘텐츠, 방산, 바이오헬스 등 5대 전략 산업에 120조 원 이상을 투입하는 로드맵을 발표했다. 이 정책은 기업 성장을 촉진하고, 글로벌 경쟁력을 강화하며, 국민의 삶에 직접 기여하는 경제 구조를 구축하려는 야심 찬 계획이다. 본 장에서는 이재명 정부의 정책 기조와 이를 통해 기업 성장이 어떻게 구현되는지 심층 분석한다.

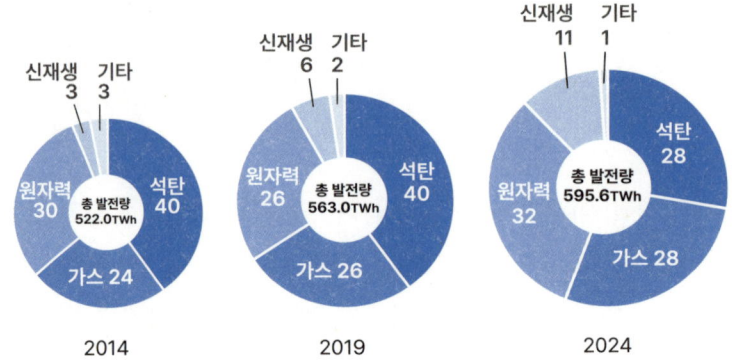

Fig 49. 신재생에너지 발전 비중 변화 (단위: %)
(자료 출처 : K-공감)

── 성장하는 산업, 새로운 기회

이재명 정부의 경제 정책은 공정과 혁신, 지속 가능성을 축으로 설계되었다. 이재명 대통령은 취임사에서 "경제는 국민의 주머니를 채우고, 기회를 공정하게 나누는 도구"라며, 정책이 국민의 삶에 직접 닿아야 한다고 강조했다. 이는 그가 성남시장 시절 지역 화폐로 지역 경제를 활성화하고, 경기도지사 시절 청년 기본소득으로 기회균등을 실험했던 철학의 연장선이다. 정부는 5년간 120조 원 이상을 5대 핵심 산업에 투입하며, 경제 구조의 근본적 변화를 추구한다.

친환경 에너지 분야는 이재명 정부의 우선순위다. 정부는 태양광, 풍력, 에너지 저장시스템(ESS) 인프라 구축에 50조 원을 투입한다. 이는 화석연료 중심의 산업 구조를 탈피하고, 탄소중립 목표를 달성하기 위한 핵심 전략이다. 2025년 기준, 신재생에너지 발전 비중은 전체의 15%

에 불과하지만, 정부는 2030년까지 이를 30%로 끌어올리는 목표를 세웠다. 이는 이재명 대통령의 "미래는 준비하는 자의 것"이라는 비전을 반영하며, 기업들에게 친환경 기술 개발과 시장 진입의 기회를 제공한다.

디지털 혁신은 이재명 정부의 또 다른 핵심 축이다. 정부는 AI와 반도체 산업에 30조 원을 투자해 글로벌 경쟁력을 확보할 예정이다. 이는 이재명 대통령이 강조한 "디지털 전환은 선택이 아니라 생존"이라는 철학에 기반한다. 디지털 뉴딜 2.0은 기초연구, 인재 양성, 상용화 지원을 포괄한 정책이다.

미래차 산업은 전기차와 수소차 기술 개발 및 충전 인프라 확충에 중점을 둔다. K-콘텐츠와 방산 산업은 수출 주력 산업으로 육성되며, 바이오헬스 산업은 고령화 시대에 대비한 전략적 지원을 강화한다. 이재명 대통령은 "글로벌 시장에서 국민의 땀과 기술이 인정받아야 한다."라며, 이러한 산업이 이재명 정부의 경제 성장과 일자리 창출의 동력이 될 것이라고 밝혔다.

이재명 정부의 경제 정책 로드맵은 단순한 예산 배분을 넘어, 경제 구조의 근본적 전환을 목표로 한다. 이재명 대통령의 공정과 기회균등이라는 핵심 가치관은 정책의 모든 단계에 녹아 있다. 그러나 120조 원이라는 대규모 투자는 재정 건전성과의 균형을 요구한다. 그의 실용적 진보주의가 재벌 중심의 경제 구조와 글로벌 불확실성 속에서 어떻게 구현될지는, 이재명 정부의 첫 번째 시험대가 될 것이다.

── 정책과 시장의 연결 고리

이재명 정부의 정책은 기업 성장을 촉진하는 구조적 메커니즘을 통해 실질적 성과를 창출한다. 이재명 대통령은 '기업이 성장해야 국민의 주머니가 채워진다'며, 정책이 기업과 국민을 연결하는 다리가 되어야 한다고 강조했다. 이 메커니즘은 대규모 재정 지원, 세제 인센티브, 글로벌 시장 진입 지원이라는 세 가지 축으로 작동한다.

먼저 이재명 정부는 대규모 재정 지원을 계획하고 있다. 정부는 120조 원을 투자해 기업의 설비 투자(CAPEX)를 촉진할 예정이다. 예를 들어, 친환경 에너지 분야의 50조 원은 태양광 패널 생산과 에너지 저장장치(ESS) 설비 확충을 가속화하며, 기업의 초기 자본 부담을 줄인다. 데이터에 따르면, 정책 발표 후 6~12개월 내 설비 투자 증가율은 5~10%포인트 상승할 것으로 예상된다. 이는 생산성과 기술 경쟁력을 높여, 장기적으로 매출과 시장 점유율 증가로 이어진다.

한편 세액 공제와 규제 완화는 기업의 현금 흐름을 개선한다. 반도체 산업의 시설 투자 세액 공제율 확대는 기업이 기술 개발에 재투자할 여력을 제공한다. Samil PwC 보고서에 따르면, 이러한 정책은 기업의 ROE(자기자본이익률)를 1~3년 내 1~2%포인트 개선한다. 이는 이재명 대통령의 "공정한 시장에서 기업이 자유롭게 도약해야 한다."라는 철학을 반영한다.

글로벌 시장 진입을 노린 외교적 지원도 아끼지 않을 예정이다. 정부는 해외 시장 개척을 위한 외교적 지원과 인프라를 제공한다. K-콘텐츠와 방산 산업은 글로벌 밸류체인 편입을 통해 수출 경쟁력을 강화하며, 매출 성장률(CAGR)을 12~24개월 내 3~5%포인트 증가시킬 전망이다.

이는 이재명 대통령이 "국민의 기술이 세계를 선도해야 한다."라고 강조한 비전과 맞닿아 있다.

이재명 정부의 기업 성장 정책은 실용적 접근법이 무엇인지 보여준다. 특히 대규모 재정 지원과 세제 인센티브는 기업의 성장 동력을 제공하지만, 재벌 중심의 경제 구조에서 중소기업과 자영업자까지 혜택이 확산될지는 미지수다. 공정과 기회균등이라는 그의 철학이 정책 실행 과정에서 얼마나 실현될지는, 이재명 정부의 성공을 가늠하는 핵심 지표가 될 것이다.

이러한 정책 효과를 평가하기 위한 더 많은 지표도 필요하다. 설비 투자 증가율, 매출 성장률, 수익성 지표(ROE, ROIC), 글로벌 시장 점유율, 주가 및 평가 멀티플(PER, PBR) 변화를 추적한다. 예를 들어, 설비 투자 증가율은 정책 시행 후 6~12개월 내 5~10%포인트 상승하며, GDP 성장률에 1~2년 내 0.4~1.3%포인트 기여한다. 매출 성장률은 표본 기업 기준 12~24개월 내 CAGR 3~5%포인트 증가, ROE는 1~3년 내 1~2%포인트 개선된다. 주가 멀티플은 주가수익비율(PER) 2~4배, 주가순자산비율(PBR) 0.2~0.5배 상승이 예상된다.

이러한 지표는 정부 정책이 기업 성장과 국민 경제에 미치는 영향을 정량적으로 보여준다. 이재명 대통령은 "정책의 성과는 국민의 삶에서 증명된다."라며, 데이터 기반의 투명한 평가를 강조했다. 이는 그의 국민 중심 철학을 반영한다.

데이터 기반 평가는 이재명 정부의 투명성을 보여준다. 그러나 지표의 긍정적 전망이 중소기업과 자영업자에게까지 확산되려면, 정책의 세밀한 실행이 필요하다. 이재명 대통령의 실용적 리더십이 데이터와 국민의 신뢰를 연결하는 다리가 될 수 있을지 주목된다.

이재명 정부의 정책은 투자자들에게 새로운 기회를 제공한다. 친환경 에너지, 디지털 혁신, 글로벌 경쟁력을 갖춘 기업은 높은 성장률과 수익성을 기대할 수 있다. 투자자는 정부의 로드맵을 기반으로 유망 기업을 선별하고, 성장률, 시장 점유율, 수익성 개선 전망을 종합적으로 평가해 포트폴리오를 구성해야 한다. 이재명 대통령은 "국민의 투자와 기업의 성장이 함께 가야 국가가 도약한다."라며, 정책과 투자의 선순환을 강조했다.

이재명 정부의 투자 전략은 장기적 성장을 목표로 하지만, 글로벌 경제의 불확실성과 국내 양극화는 도전 과제다. 정부의 정책이 중소기업과 스타트업까지 포괄할 수 있을지는, 정책의 세밀한 실행과 국민의 참여에 달려 있다.

이재명 정부는 이재명 대통령의 공정과 기회균등 철학을 바탕으로, 공정 경제, 혁신 산업, 지속 가능성을 추구한다. 120조 원 규모의 로드맵은 친환경 에너지, 디지털 혁신, 미래차, K-콘텐츠, 방산, 바이오헬스를 통해 경제 구조를 혁신하고, 기업 성장을 촉진할 것이다. 재정 지원, 세제 인센티브, 글로벌 시장 진입 지원은 기업과 국민을 연결하는 다리가 된다. 그러나 정책의 성공은 재벌 중심의 경제 구조를 넘어, 중소기업과 자영업자까지 그 혜택이 확산되느냐에 달려 있다. 이재명 대통령의 비전은 이재명 정부의 경제 정책 첫걸음에서 그 실현 가능성을 시험받게 되었다.

새로운 세상을 여는
친환경 에너지 전환

이재명 정부는 2025년 6월 출범 이후 기후변화 대응과 지속 가능한 경제를 핵심 기조로 삼아, 친환경 에너지 확대를 국가적 우선순위로 설정했다. 이재명 대통령은 취임사에서 "미래는 준비하는 자의 것이며, 그 준비는 국민 모두에게 공정한 기회를 제공해야 한다."라고 역설했다. 이는 이재명의 철학이 친환경 에너지 전환의 중심에 있음을 보여준다. 성남시장 시절 지역 화폐로 약자의 삶을 지탱하고, 경기도지사 시절 청년 기본소득으로 기회를 확대한 그의 경험은, 이재명 정부의 친환경 에너지 정책에도 고스란히 반영된다. 이런 철학 아래 정부의 친환경 에너지 확대 정책과 이를 통해 성장하는 유망 기업들을 분석하며, 산업의 발전과 투자가 실질적인 영향을 어떻게 주고받는지 알고 투자해야 한다.

─── (1) 재생에너지 산업

이재명 정부는 2030년까지 국내 에너지 생산에서 재생에너지 비중을 현재 15%에서 40%로 끌어올리는 야심 찬 목표를 세웠다. 이를 위해 5년간 태양광에 25조 원, 풍력에 15조 원, 에너지 저장장치(ESS)에 10조 원까지 총 50조 원의 예산을 집중 투입할 예정이다. 이재명 대통령은 "친환경 에너지는 국민의 삶을 지탱하고, 미래 세대에게 빚지지 않는 길"이라며, 이 정책이 경제 성장과 환경 보호를 동시에 달성할 것이라고 강조했다.

정책은 세 가지 축으로 전개된다. 첫째, 태양광 발전 시설의 대규모 확충은 농촌과 도시 유휴지를 활용한 대규모 프로젝트로 추진된다. 둘째, 육상 및 해상 풍력 발전 확대는 전력 생산의 다양성을 확보하며 지역 경제 활성화를 도모한다. 셋째, 에너지 저장장치(ESS) 설치는 재생에너지의 간헐성 문제를 해결하기 위해 필수적이며, 정부는 설치 의무화와 보조금을 통해 기술 개발과 인프라 구축을 촉진한다.

항목	2025년 현재	2030년 목표	투자 규모
재생에너지 비중	15%	40%	-
태양광	-	-	25조 원
풍력	-	-	15조 원
ESS	-	-	10조 원

Fig 50. 2030년까지 재생 에너지 예상 투자 규모
(자료 출처: 대한경제포럼 경제 편집부)

이 세 가지 정책은 단순한 인프라 확충을 넘어, 국민과 함께 미래를 준비한다는 이재명 정부의 비전을 구현한다. 이재명 대통령은 지역 주민이 재생에너지 프로젝트에 참여하도록 장려하며, 지역 경제와 일자리 창출로 이어지는 선순환 구조를 강조했다.

이재명 정부의 재생에너지 정책은 이재명 대통령의 실용적 진보주의를 보여준다. 50조 원의 투자와 40% 비중 목표는 야심 차지만, 지역 주민 참여와 공정 분배 없이는 성공이 어려울 것이다. 그의 철학이 농촌과 중소기업까지 확산될 수 있을지는 정책 실행의 세밀함에 달려 있다. 이 정책은 환경과 경제, 국민과 정부를 연결하는 다리가 될것이다.

(2) 태양광 산업

태양광 산업은 이재명 정부의 집중 투자로 가장 빠른 성장이 기대되는 분야다. 한화솔루션과 OCI는 이 분야의 선두주자로, 정부 정책과 글로벌 수요 증가를 발판으로 도약하고 있다.

한화솔루션은 2025년 기준 글로벌 태양광 모듈 시장에서 약 10%의 점유율을 차지하며, 2030년까지 이를 15%로 확대할 계획이다. 정부의 25조 원 태양광 투자와 세제 인센티브는 한화솔루션의 미국과 유럽 시장 공략을 가속화한다. 예를 들어, 미국 내 신규 태양광 모듈 공장 설립은 연간 생산능력을 20% 이상 늘릴 전망이다. 이로 인해 한화솔루션은 2025~2030년 연평균 매출 성장률 15%를 기록할 것으로 예상된다.

OCI는 폴리실리콘 생산을 통해 태양광 산업의 핵심 원자재 공급을 책임진다. 정부의 태양광 확대 정책에 힘입어, OCI는 2025~2030년 생산능력을 현재 대비 30% 이상 확대한다. 이는 국내외 수요 증가에 대응하며, 매출과 영업이익률의 안정적 성장을 보장한다.

기업	글로벌 점유율 (2025 현재)	글로벌 목표 점유율 (2030)	성장 전망
한화솔루션	10%	15%	연평균 매출 성장률 15%
OCI	-	생산 능력 30% 확대	안정적 매출 및 영업이익률 성장

Fig 51. 주요 태양광 산업 기업의 전망
(자료 출처: 대한경제포럼 경제 편집부)

한화솔루션과 OCI의 성장은 이재명 정부의 정책이 기업과 국민을 연결시켜주는 사례다. 이재명 대통령의 "국민의 기술이 세계를 선도해야 한다."라고 말하며 비전은 태양광 산업의 글로벌 경쟁력 강화로 구체화된다. 그러나 중소기업과 지역 주민이 이 성장의 혜택을 공유하려면, 정부의 지원이 대기업 중심에서 벗어나야 한다. 공정한 기회 분배가 이 정책의 성패를 결정할 것이다.

─── (3) 풍력 산업

풍력 산업은 이재명 정부의 해상풍력 확대 정책으로 주목받는다. 씨에스윈드와 두산에너빌리티는 이 분야의 선두주자로, 지역 경제 활성화와 글로벌 시장 공략을 동시에 추구한다.

기업	성장 전망 (2025~2030)	주요 강점
씨에스윈드	연평균 매출 성장률 12%	- 글로벌 점유율 1위 - 해상풍력 수주
두산에너빌리티	연평균 매출 성장률 10%	- 대형 터빈 기술 - 글로벌 경쟁력

Fig 52. 주요 풍력 산업 기업의 전망
(자료 출처: 대한경제포럼 경제 편집부)

씨에스윈드는 글로벌 풍력 타워 시장 점유율 1위를 유지하며, 정부의 15조 원 풍력 투자로 국내외 수주를 확대한다. 특히 해상풍력 프로젝트는 지역 일자리 창출과 연계되며, 이재명 대통령의 "지역이 살아야 국가가 산다."라는 철학을 반영한다. 씨에스윈드는 2025~2030년 연평균 매출 성장률 12%를 기록할 전망이다.

두산에너빌리티는 대형 풍력 터빈 기술 개발로 글로벌 경쟁력을 확보했다. 정부의 보조금과 R&D 지원은 두산의 기술 고도화를 가속화하며, 2025~2030년 연평균 매출 성장률 10%를 기대한다.

풍력 산업은 이재명 정부의 지역 중심 철학을 구현한다. 이재명 대통령의 지역 경제 활성화 비전은 해상풍력 프로젝트를 통해 일자리와 소득을 창출하지만, 지역 주민의 참여와 혜택 분배가 관건이다. 씨에스윈드와 두산에너빌리티의 성장은 글로벌 시장에서 한국의 위상을 높이지만, 그 성과가 지역으로 환원되어야 국민주권의 의미가 완성된다.

(4) 에너지 저장장치 산업

에너지 저장장치(ESS)는 재생에너지의 간헐성 문제를 해결하는 핵심 기술이다. 이재명 정부는 에너지 저장장치(ESS) 설치 의무화와 10조 원 투자로 이 분야를 육성하며, LG에너지솔루션과 삼성SDI가 글로벌 시장을 선도한다.

기업	글로벌 점유율 (2025)	성장 전망 (2025~2030)	주요 강점
LG에너지솔루션	25%	연평균 매출 성장률 14%	- 글로벌 생산시설 확충
삼성SDI 20%	20%	연평균 매출 성장률 13%	- 기술 고도화 - 공급망 확대

Fig 53. 주요 에너지 저장장치(ESS) 산업 기업의 전망
(자료 출처: 대한경제포럼 경제 편집부)

LG에너지솔루션은 2025년 글로벌 에너지 저장장치(ESS) 시장 점유율 25%를 차지하며, 정부 지원으로 미국과 유럽에 생산시설을 확충한다. 이는 연평균 매출 성장률 14%를 뒷받침하며, 이재명 대통령의 "기술이 국민의 삶을 지탱한다."라는 비전을 구현한다.

삼성SDI는 에너지 저장장치(ESS) 배터리 기술 고도화와 글로벌 공급망 확대를 통해 시장 점유율 20%를 유지할 예정이다. 유럽과 미국의 재생에너지 수요 증가에 힘입어, 2025~2030년 연평균 매출 성장률 13%를 기록할 전망이다.

에너지 저장장치(ESS) 산업은 이재명 정부의 지속 가능 비전을 실현하는 핵심이다. LG에너지솔루션과 삼성SDI의 성장은 이재명 대통령의 기술 중심 철학을 보여주지만, 에너지 저장장치(ESS) 인프라의 지역 분산과 중소기업 참여는 여전히 과제다. 공정한 기회 분배가 이 정책의 성공을 결정할 것이다.

이재명 정부의 재생에너지 정책은 이재명 대통령의 공정과 기회균등 철학을 바탕으로, 태양광, 풍력, 에너지 저장장치(ESS) 산업을 통해 경제와 환경의 선순환을 추구한다. 50조 원의 투자와 40% 비중 목표는 한화솔루션, OCI, 씨에스윈드, 두산에너빌리티, LG에너지솔루션, 삼성SDI와 같은 유망 기업의 성장을 가속화한다. 그러나 정책의 성공은 대기업 중심의 성장에서 벗어나, 지역 주민과 중소기업까지 혜택이 확산되느냐에 달려 있다. 이재명 대통령의 '국민과 함께 만드는 미래'라는 비전은, 친환경 에너지 전환을 통해 국민주권의 새로운 장을 열고 있다.

디지털 뉴딜 2.0
AI와 반도체 산업의 재도약

이재명 대통령이 이끄는 이재명 정부는 디지털 전환을 국가 경제의 핵심 동력으로 삼아 디지털 뉴딜 2.0 정책을 펼칠 예정이다. 그의 취임사에서 강조된 "디지털 혁신은 국민의 기회를 넓히고, 미래를 여는 열쇠"라는 비전은 단순한 선언이 아니다. 이는 성남시장 시절 지역 화폐로 경제 활성화를 이끌고, 경기도지사 시절 청년 기본소득으로 기회균등을 실험했던 그의 철학의 연장선이다. 디지털 뉴딜 2.0은 AI와 반도체 산업에 30조 원을 투입하며, 글로벌 기술 패권을 확보하고 국민의 삶을 개선하는 것을 목표로 한다. 본 장에서는 이재명 정부의 디지털 뉴딜 2.0 정책과 이를 통해 재도약하는 AI 및 반도체 산업의 주요 기업들을 살펴보자.

이재명 정부는 2025~2030년 30조 원을 AI(12조 원), 반도체(15조 원), 인재 육성(3조 원)에 투입하며 디지털 혁신을 가속화한다. 이재명 대통령은 "기술은 국민의 삶을 지탱하고, 공정한 기회를 창출해야 한다."라고 강조하며, 디지털 뉴딜 2.0이 경제 성장과 사회적 포용을 동시에 달성할 것이라고 밝혔다. 정책은 AI 연구개발 및 인프라 확충, 반도체 생산설비와 기술 경쟁력 강화, 그리고 인재 육성을 통한 산업 생태계 구축의 세 가지 축으로 전개된다.

AI 분야는 기초연구, 상용화, 데이터 인프라 확충에 중점을 둔다. 반도체 산업은 생산능력 증설과 차세대 기술 개발로 글로벌 시장 점유율을 유지한다. 인재 육성은 대학·산학 협력, 해외 전문가 영입, 전문 교육 프로그램을 통해 미래 기술 인력을 양성한다.

분야	투자 규모	주요 목표
AI	12조 원	- 연구개발 및 상용화 - 데이터 인프라 확충
반도체	15조 원	- 생산설비 증설 - 차세대 기술 개발
인재 육성	3조 원	- 대학 · 산학 협력 - 해외 전문가 영입 및 교육

Fig 54. 디지털 뉴딜 2.0의 투자 로드맵 요약
(자료 출처:. 대한경제포럼 경제 편집부)

이 정책은 이재명 대통령의 국민 중심 철학을 반영한다. 그는 디지털 전환의 혜택이 대기업과 수도권에 국한되지 않고, 중소기업과 지역으로 확산되어야 한다고 강조했다. 이는 그의 "국민 모두가 기술 혁신의 주체"라는 비전을 구체화한다.

디지털 뉴딜 2.0은 이재명 정부의 기술 중심 비전을 보여준다. 30조 원의 투자는 AI와 반도체 산업의 글로벌 경쟁력을 강화하지만, 중소기업과 지역 경제로의 혜택 확산은 과제다. 이재명 대통령의 공정 철학이 디지털 전환의 불평등을 해소할 수 있을지는, 정책 실행의 세밀함과 국민 참여에 달려 있다.

── **(1) AI 산업**

AI 산업은 디지털 뉴딜 2.0의 핵심 동력이다. 이재명 정부는 AI 연구개발, 기업 지원, 상용화 촉진을 통해 글로벌 기술 패권을 목표로 한다.

네이버와 카카오는 이 분야의 선두주자로, 정부 지원을 발판으로 글로벌 시장을 공략한다.

네이버는 AI 플랫폼 '클로바'와 초대규모 언어모델 '하이퍼클로바'를 중심으로 글로벌 시장을 확대한다. 정부의 12조 원 AI 투자와 데이터 인프라 지원은 네이버의 R&D와 상용화를 가속화한다. 예를 들어, 네이버는 일본과 동남아 시장에서 AI 기반 검색 및 콘텐츠 서비스를 강화하며, 2025~2030년 연평균 매출 성장률 20%를 기록할 전망이다.

카카오는 AI 챗봇과 비서 기술로 국내 시장 점유율을 확대하며, 글로벌 플랫폼으로 도약한다. 정부의 기업 지원 프로그램은 카카오의 AI 서비스 상용화를 촉진하며, 2025~2030년 연평균 매출 성장률 18%를 기대한다.

기업	성장 전망 (2025~2030)	주요 강점
네이버	연평균 매출 성장률 20%	- 클로바, 하이퍼클로바 - 글로벌 시장
카카오	연평균 매출 성장률 18%	- AI 챗봇 및 비서 기술 - 높은 국내 점유율

Fig 55. 주요 AI 산업 기업 전망
(자료 출처: 대한경제포럼 경제 편집부)

네이버와 카카오의 성장은 이재명 정부의 AI 육성 정책이 기업과 시장을 연결하는 사례다. 이재명 대통령의 "기술은 국민의 삶을 풍요롭게 해야 한다."라는 비전은 AI 산업의 글로벌 도약으로 구현된다. 그러나 AI 기술의 혜택이 중소기업과 비수도권으로 확산되려면, 정부의 지원이 대기업 중심에서 벗어나야 한다.

─── (2) 반도체 산업

반도체 산업은 대한민국의 경제적 중추이자 이재명 정부의 전략적 우선순위다. 정부는 15조 원을 투입해 생산설비 증설, 차세대 기술 개발, 공급망 안정화를 지원한다. 이재명 대통령은 "반도체는 국민의 땀과 기술이 세계를 선도하는 상징"이라며, 이 산업이 글로벌 경쟁력과 일자리 창출의 핵심이라고 강조했다.

삼성전자는 반도체 생산능력 증설과 3나노 공정 기술 개발로 글로벌 시장을 선도한다. 정부의 세제 인센티브와 R&D 지원은 삼성의 투자 확대를 뒷받침하며, 2025~2030년 연평균 매출 성장률 15%를 전망한다.

SK하이닉스는 메모리 반도체 분야에서 기술 우위를 유지하며, 생산설비 확충과 고대역폭 메모리(HBM) 기술 개발에 집중한다. 정부 지원으로 2025~2030년 연평균 매출 성장률 13%를 예상하고 있다.

기업	성장 전망 (2025~2030)	주요 강점
삼성전자	연평균 매출 성장률 15%	- 3나노 공정 - 글로벌 시장 점유율
SK하이닉스	연평균 매출 성장률 13%	- HBM 기술 - 메모리 반도체 우위

Fig 56. 주요 반도체 산업 기업의 전망 요약
(자료 출처: 대한경제포럼 경제 편집부)

반도체 산업은 이재명 정부의 경제 주권 비전을 상징한다. 삼성전자와 SK하이닉스의 성장은 이재명 대통령의 기술 중심 철학을 구현하지만, 공급망 안정성과 중소기업 협력은 여전히 과제다.

── (3) 인재 육성

디지털 뉴딜 2.0의 성공은 인재 육성에 달려 있다. 이재명 정부는 3조 원을 투입해 대학·산학 협력, 해외 전문가 영입, AI·반도체 전문 교육 프로그램을 강화한다. 이재명 대통령은 "국민의 잠재력이 기술 혁신의 원동력"이라며, 인재 육성이 디지털 생태계의 핵심이라고 강조했다.

프로그램	주요 구성 요소
대학·산학 협력	AI·반도체 전공 확대, 산학 공동 연구
해외 전문가 영입	글로벌 인재 유치, 기술 교류 촉진
전문 교육 프로그램	직업 교육, 재교육, 스타트업 인재 양성

Fig 57. 인재 육성 정책의 주요 구성 요소
(자료 출처: 대한경제포럼 경제 편집부)

이 정책은 지역 대학과 중소기업을 포함해, 디지털 전환의 혜택을 전국적으로 확산시키려는 이재명 대통령의 비전을 반영한다. 인재 육성 정책은 이재명 정부의 포용적 비전을 보여준다. 이재명 대통령의 의지는 디지털 인재 양성을 통해 구현되지만, 수도권 중심의 교육 인프라를 지역으로 확산시키는 것이 관건이다. 국민의 참여가 디지털 생태계의 지속 가능성을 결정할 것이다.

이재명 정부의 디지털 뉴딜 2.0은 이재명 대통령의 공정과 기회균등 철학을 바탕으로, AI와 반도체 산업을 통해 글로벌 기술 패권과 경제 성장을 추구한다. 30조 원의 투자는 네이버, 카카오, 삼성전자, SK하이닉스의 성장을 가속화하며, 인재 육성으로 디지털 생태계를 구축한다. 그러나 정책의 성공은 대기업 중심의 성장에서 벗어나, 중소기업과 지역으로 혜택이 확산되느냐에 달려 있다. 이재명 대통령의 "국민과 함께 만드는 디지털 미래"라는 비전은, 디지털 뉴딜 2.0을 통해 국민주권의 새로운 장을 열고 있다.

미래차 전환기
정책과 기업의 성장 방정식

이재명 정부는 2025년 6월 출범 이후, 미래차 산업을 글로벌 친환경 모빌리티의 중심으로 육성하며 대한민국의 경제적 도약을 이끌겠다는 비전을 제시했다. 이재명 대통령은 취임사에서 "미래차는 국민의 이동권을 보장하고, 환경을 지키는 기술 혁신의 상징"이라고 강조했다. 이는 국가의 미래 산업에서 미래차가 중요하다는 점을 보여준다. 성남시장 시절 지역 화폐로 약자의 삶을 지탱하고, 경기도지사 시절 청년 기본소득으로 기회를 확대한 그의 경험은, 전기차(EV)와 수소차(FCEV)를 통해 지역 경제와 중소기업을 포괄하는 정책으로 이어진다. 이재명 정부의 미래차 육성 정책과 이로 말미암아 성장하게 될 유망 기업들의 성장 시나리오를 분석해보면, 이재명 대통령의 비전이 어떻게 현실로 구현될지 엿볼 수 있다.

이재명 정부는 2025~2030년 20조 원을 전기차 충전 인프라(8조 원), 수소차 충전 인프라(7조 원), 친환경 부품 및 소재 국산화·R&D(5조 원)

에 투입하며 미래차 산업을 육성한다. 이재명 대통령은 "친환경 모빌리티는 국민의 삶을 개선하고, 글로벌 시장에서 우리의 기술을 증명하는 기회"라며, 이 정책이 경제 성장과 환경 보호를 동시에 달성할 것이라고 밝혔다.

정책을 펼치는 주요 전략은 다음과 같다. 첫째, 전기차 및 수소차 충전 인프라의 전국적 확대는 도시와 농촌의 이동 편의를 높이고, 지역 경제를 활성화한다. 둘째, 친환경 부품과 소재의 국산화는 중소기업의 참여를 장려하며 공급망 안정성을 강화한다. 셋째, R&D와 산업 생태계 조성은 차세대 기술 개발과 일자리 창출을 목표로 한다.

분야	투자 규모	주요 목표
전기차 충전 인프라	8조 원	전국 충전소 확대, 접근성 개선
수소차 충전 인프라	7조 원	수소 충전소 구축, 지역 경제 활성화
친환경 부품·소재 국산화 및 R&D	5조 원	국산화율 확대, 차세대 기술 개발

Fig 58. 미래차 육성 정책 투자 로드맵
(자료 출처: 대한경제포럼 경제 편집부)

이재명 대통령은 충전 인프라 구축이 수도권에 국한되지 않고, 지역 주민과 중소기업이 참여하는 구조를 강조하며, "모두가 미래차의 혜택을 누려야 한다."라는 비전을 제시했다. 이재명 정부의 미래차 정책은 이재명 대통령의 실용적 진보주의를 보여준다. 20조 원의 투자는 글로벌 경쟁력을 강화하지만, 지역 경제와 중소기업으로의 혜택 확산은 과제다. 정책 자체가 충전 인프라와 부품 산업에서 어떻게 구현될지는, 정책의 성공을 가늠하는 핵심 지표가 될 것이다.

── **(1) 전기차 산업**

전기차 산업은 글로벌 친환경 모빌리티의 핵심으로, 이재명 정부의 지원 아래 빠르게 성장한다. 현대자동차와 LG에너지솔루션은 이 분야의 대표 기업으로, 정부의 인프라 확대와 R&D 지원을 발판으로 글로벌 시장을 공략한다.

현대자동차는 전기차 모델 확대와 글로벌 생산망 강화를 통해 2030년까지 판매량을 현재 대비 3배로 늘린다는 계획이다. 정부의 8조 원 충전 인프라 투자와 세제 인센티브는 현대자동차의 시장 확대를 뒷받침하며, 2025~2030년 전기차 부문 매출은 연평균 15% 성장할 전망이다.

기업	2025~2030년 예상 연평균 매출 성장률	주요 강점
현대 자동차	15%	- 전기차 판매량 3배 확대 - 글로벌 생산망
LG에너지솔루션	20%	- 배터리 기술 - 글로벌 1위 목표

Fig 59. 주요 전기차 산업 기업의 성장 전망
(자료 출처: 대한경제포럼 경제 편집부)

LG에너지솔루션은 전기차 배터리 분야에서 글로벌 1위를 목표로, 미국과 유럽에 생산시설을 확충한다. 정부의 R&D 지원은 배터리 효율성과 안전성 개선을 가속화하며, 2025~2030년 배터리 부문 매출은 연평균 20% 성장할 것으로 예상된다.

현대자동차와 LG에너지솔루션의 성장은 이재명 정부의 전기차 정책이 기업과 시장을 연결하는 사례다. 이재명 대통령은 국민의 이동권 보장을 구현하기 위해 충전 인프라 확대할 예정이지만, 농촌과 저소득층의 접근성 개선은 여전히 과제다. 공정한 혜택 분배가 전기차 산업의 지속 가능성을 결정할 것이다.

── (2) 수소차 산업

수소차 산업은 차세대 친환경 모빌리티로 주목받으며, 이재명 정부의 7조 원 충전 인프라 투자로 성장 동력을 얻는다. 현대자동차와 현대모비스는 이 분야의 선두주자로, 기술 혁신과 시장 확대를 이끈다.

현대자동차는 수소차 생산량을 2030년까지 현재 대비 4배로 확대하며 글로벌 선도 기업의 위상을 강화할 계획이다. 정부의 수소 충전소 구축 지원은 현대자동차의 시장 진입을 가속화하며, 2025~2030년 수소차 부문 매출은 연평균 20% 성장할 전망이다.

현대모비스는 수소연료전지 시스템과 핵심 부품 생산에서 글로벌 경쟁력을 확보한다. 정부의 R&D 지원은 기술 고도화를 촉진하며, 2025~2030년 수소차 관련 매출 또한 연평균 18% 이상 달성시킬 수 있을 것으로 전문가들은 예상하고 있다.

기업	2025~2030년 예상 연평균 매출 성장률	주요 강점
현대 자동차	20%	- 수소차 생산량 4배 확대 - 기술 선도
현대모비스	18%	- 연료전지 시스템 - 글로벌 경쟁력

Fig 60. 수소차 산업 주요 기업의 성장 전망
(자료 출처: 대한경제포럼 경제 편집부)

수소차 산업은 이재명 정부의 지역 경제 활성화 비전을 구현한다. 지역이 살아야 국가가 산다는 관점에서, 지역 주민의 참여와 중소기업 협력은 필수다. 또한 현대자동차와 현대모비스의 성장이 지역으로 환원되어 지역 일자리와 소득 창출에 기여할 수 있어야 그 의미가 완성된다.

(3) 친환경 부품 및 소재 산업

이재명 정부는 친환경 자동차 부품과 소재의 국산화율을 높이기 위해 5조 원을 투입하며, 중소·중견기업의 참여를 장려한다. 효성첨단소재와 SK이노베이션은 이 분야의 대표 기업으로, 정부 지원을 발판으로 성장한다.

효성첨단소재는 탄소섬유와 경량화 소재 개발로 친환경 부품 시장을 선도한다. 정부의 국산화 지원은 생산능력 확대를 뒷받침하며, 2025~2030년 관련 매출은 연평균 14.2% 성장할 전망이다.

SK이노베이션은 친환경 플라스틱과 배터리 소재 개발에 집중하며, 정부의 R&D 지원으로 기술 경쟁력을 강화한다. 2025~2030년 관련 매출은 연평균 13.2% 성장할 것으로 예상된다.

기업	2025~2030년 예상 연평균 매출 성장률	주요 강점
효성첨단소재	14.2%	탄소섬유, 경량화 소재
SK이노베이션	13.2%	친환경 플라스틱, 배터리 소재

Fig 61. 친환경 부품 및 소재 산업의 성장 전망
(자료 출처: 대한경제포럼 경제 편집부)

친환경 부품 및 소재 산업은 이재명 정부의 포용적 비전을 보여준다.

이재명 대통령의 철학, 즉 중소기업에 공정한 기회를 나누어주어야 한다는 뜻은 국산화 정책을 통해 구현되지만, 대기업과의 협력 균형과 기술 이전은 과제다. 효성첨단소재와 SK이노베이션의 성장이 중소기업으로 확산되어야 지속 가능한 생태계가 완성된다.

이재명 정부의 미래차 육성 정책은 이재명 대통령의 공정과 기회균등 철학을 바탕으로, 전기차, 수소차, 친환경 부품 산업을 통해 글로벌 모빌리티 허브를 구축한다. 20조 원의 투자는 현대자동차, LG에너지솔루션, 현대모비스, 효성첨단소재, SK이노베이션의 성장을 가속화하며, 지역 경제와 중소기업을 포괄하는 생태계를 조성하게 될 것이다. 그러나 정책의 성공은 대기업 중심의 성장에서 벗어나, 지역과 중소기업으로 혜택이 확산되느냐에 달려 있다. 이재명 대통령의 "국민과 함께 만드는 친환경 미래"라는 비전은, 미래차 산업을 통해 차세대 대한민국의 새로운 장을 열고 있다.

K-콘텐츠 및 방산 수출 확대 전략
기업 성장 전망

2025년 6월, 이재명 대통령이 이끄는 이재명 정부는 K-콘텐츠와 방위산업을 국가 경제의 신성장 동력으로 삼아 글로벌 시장에서의 위상을 강화하는 비전을 제시했다. 이재명 대통령은 취임사에서 "K-콘텐츠와 방산은 국민의 창의성과 기술력을 세계에 알리는 상징"이라며, 이들 산업이 국민의 자긍심과 경제적 기회를 확대할 것이라고 강조했다. 이재명 정부의 K-콘텐츠 및 방산 수출 확대 정책을 분석하고, CJ ENM, 스튜디오드래곤, 한국항공우주산업(KAI), 한화에어로스페이스의 성장 시나리오를 통해 이재명 대통령의 비전이 어떤 방식으로 구현될 수 있을지 그 근거를 찾아봐야 한다.

이재명 정부는 K-콘텐츠를 수출 주력 산업으로 육성하기 위해 2025~2030년 10조 원을 투자한다. 이 자금은 글로벌 콘텐츠 제작 및 해외 진출(4조 원), 글로벌 마케팅 및 홍보(3조 원), 해외 현지화 전략(3조 원)에 배분된다. 이재명 대통령은 "K-콘텐츠는 국민의 창의력이 세계를 감동시키는 힘"이라며, 이 정책이 문화적 영향력과 경제적 부가가치를 동시에 창출할 것이라고 밝혔다.

(1) K-콘텐츠 산업

K-콘텐츠 지원 정책은 세 가지 전략으로 전개된다. 글로벌 제작 및 진출 지원으로, OTT 플랫폼과 글로벌 제작사와의 협력 전략을 통해 드라마, 영화, 예능의 국제 경쟁력을 높인다. 글로벌 마케팅 전략을 짜 KCON(CJ ENM에서 2012년부터 개최한 K-POP 콘서트)과 같은 글로벌 행사를 통해 중소기업의 콘텐츠 관련 상품 수출을 촉진하며, 현지화 전략을 통해 지역별 언어·문화 맞춤 콘텐츠로 북미, 유럽, 중동 시장을 공략한다.

2023년 K-콘텐츠 수출액은 132.4억 달러로, 이차전지(99.9억 달러)를 상회하며 경제적 파급효과를 입증했다. 정부는 2027년까지 수출액 250

억 달러, 세계 4대 콘텐츠 강국 도약을 목표로 한다.

분야	투자 규모	주요 목표
글로벌 콘텐츠 제작 및 해외 진출	4조 원	- OTT 협력 - 드라마·영화 제작 지원
글로벌 마케팅 및 홍보	3조 원	- KCON 확대 - 중소기업 상품 수출
해외 현지화 전략	3조 원	- 지역별 맞춤 콘텐츠 - 시장 다변화

Fig 62. K-콘텐츠 산업 투자 로드맵 요약
(자료 출처: 대한경제포럼 경제 편집부)

이 정책은 이재명 대통령의 포용적 철학을 반영한다. 그는 "K-콘텐츠의 성공이 대기업에 국한되지 않고, 중소기업과 지역 창작자에게 기회를 제공해야 한다."라며, 공정한 혜택 분배를 강조했다.

K-콘텐츠 정책은 이재명 정부의 글로벌 비전을 보여준다. 10조 원의 투자는 문화 수출을 가속화하지만, 중소기업과 지역 창작자의 참여는 과제다. 이재명 대통령의 공정 철학이 콘텐츠 생태계의 불균형을 해소할 수 있을지는 정책 실행의 세밀함에 달려 있다.

K-콘텐츠 산업은 CJ ENM과 스튜디오드래곤의 활약으로 글로벌 영향력을 확대하고 있다. 정부의 지원은 이들 기업의 해외 진출을 가속화한다.

CJ ENM은 드라마, 영화, 예능 제작과 KCON을 통한 글로벌 마케팅으로 시장 점유율을 넓힌다. 2025년 부산콘텐츠마켓(BCM)에서 〈사이코지만 괜찮아〉 등 포맷 수출과 일본 TBS와의 합작 예능 〈무한루프〉로 경쟁력을 입증했다. 정부의 4조 원 제작 지원과 마케팅 투자로 CJ ENM

은 2025~2030년 연평균 12.2% 매출 성장을 기록할 전망이다.

스튜디오드래곤은 넷플릭스, 아마존 프라임 비디오와 협력하며 드라마 수출을 주도한다. 2025년 6월 공개 예정인 〈견우와 선녀〉는 240여 지역에 배급되며 글로벌 입지를 강화한다. 정부의 현지화 지원은 스튜디오드래곤의 콘텐츠 기획을 뒷받침하며, 2025~2030년 연평균 15% 매출 성장을 기대한다.

기업	2025~2030년 예상 연평균 매출 성장률	주요 강점
CJ ENM	12.2%	- 다양한 장르 콘텐츠 - KCON 글로벌 마케팅
스튜디오드래곤	15.0%	- OTT 협력 - 드라마 수출

Fig 63. 주요 K-콘텐츠 수출 기업의 성장 전망
(자료 출처: 대한경제포럼 경제 편집부)

CJ ENM과 스튜디오드래곤의 성장은 이재명 정부의 K-콘텐츠 정책과 글로벌 시장을 연결 가능성을 볼 수 있는 사례다. 이재명 대통령의 "창의력이 국민의 자산"이라는 비전은 콘텐츠 수출로 구현되지만, 중소 제작사와 지역 인재로의 혜택 확산은 필수다. 공정한 생태계가 K-콘텐츠의 지속 가능성을 결정할 것이다.

(2) 방위산업

이재명 정부는 방위산업을 국가 전략 산업으로 삼아 2025~2030년 12조 원을 투자한다. 이 자금은 해외 마케팅 및 파트너십(5조 원), 수출 금융 지원(4조 원), 기술 이전 및 공동생산(3조 원)에 사용된다. 이재명 대통령은 "K-방산은 국민의 기술과 신뢰가 세계 평화를 지탱하는 힘"이라며, 방산 수출이 경제 성장과 글로벌 위상을 높일 것이라고 밝혔다.

방위산업 육성 정책은 세 가지 방향으로 추진된다. 해외 마케팅으로 폴란드, 루마니아 등 주요 시장을 공략하고, NATO 국가들과의 협력을 강화하며, 수출 금융 지원을 확대해 저리 대출과 보증으로 기업의 수출 경쟁력을 높인다. 또한 기술 이전을 통해 공동생산을 통해 현지 산업과의 상생 모델을 구축한다는 방침이다.

분야	투자 규모	주요 목표
해외 마케팅 및 파트너십	5조 원	NATO 및 신흥 시장 공략
수출금융 지원	4조 원	저리 대출, 보증 확대
기술 이전 및 공동생산	3조 원	현지 생산, 상생 협력

Fig 64. 방산 수출 투자 계획 요약
(자료 출처: 대한경제포럼 경제 편집부)

방산 수출 정책은 이재명 대통령의 경제 주권 비전을 구현한다. 12조 원의 투자는 글로벌 시장 확대를 촉진하지만, 중소기업의 공급망 참여와 지역 일자리 창출은 과제다. 그의 공정 철학이 대기업과 협력업체 간 균형을 이루는지 주목된다.

한국항공우주산업(KAI)과 한화에어로스페이스는 K-방산의 대표 기업으로, 정부 지원을 발판으로 성장한다. KAI는 T-50 고등훈련기와 FA-50 경공격기 수출로 글로벌 입지를 다진다. 2024년 수주잔고 23.3조 원을 기반으로, 정부의 수출금융과 마케팅 지원은 KAI의 시장 확대를 뒷받침한다. 2025~2030년 연평균 13% 매출 성장이 예상된다.

한화에어로스페이스는 K9 자주포와 천무 다연장로켓 수출로 2024년 2분기 영업이익 3,588억 원을 기록, 방산 빅4 중 압도적 1위를 차지했다. 2024년 수주잔고 30.3조 원과 루마니아 K9 수출(1.4조 원)은 하반기 실적 상승을 예고하며, 2025~2030년 연평균 14% 매출이 전망된다.

기업	2025~2030년 예상 연평균 매출 성장률	주요 강점
한국항공우주산업 (KAI)	13.0%	- T-50, FA-50 수출 - 항공우주 기술
한화에어로스페이스	14.0%	- K9, 천무 수출 - 글로벌 수주잔고

Fig 65. 주요 방산 수출 기업의 성장 전망
(자료 출처: 대한경제포럼 경제 편집부)

KAI와 한화에어로스페이스의 성장은 이재명 정부의 방산 정책이 기술과 경제를 연결하는 증거다. 이재명 대통령의 "국민의 기술이 세계를 이끈다."라는 비전은 방산 수출로 구현되지만, 중소기업의 역할 확대와 지역 경제 활성화는 필수 과제다.

이재명 정부의 K-콘텐츠와 방산 수출 확대 정책은 이재명 대통령의 공정과 기회균등 철학을 바탕으로, 글로벌 문화 강국과 방산 강국의 꿈을 실현시킬 예정이다. K-콘텐츠는 10조 원 투자로 CJ ENM과 스튜디오드래곤을 통해 세계 시장을 감동시키고, 방산은 12조 원 투자로 KAI와 한화에어로스페이스가 기술 패권을 다진다. 그러나 정책의 성공은 대기업 중심 성장에서 벗어나 중소기업과 지역으로 혜택이 확산되느냐에 달려 있다. 이재명 대통령의 "국민과 함께 만드는 글로벌 미래"라는 비전은, K-콘텐츠와 방산을 통해 국민주권의 새로운 장을 열 것이다.

바이오헬스, 혁신의 경계
누가 시장을 선점할 것인가?

2025년 6월, 이재명 대통령이 이끄는 이재명 정부는 고령화와 글로벌 건강 위기에 대응해 바이오헬스 산업을 국가 전략 산업으로 지정했다. 이재명 대통령은 "바이오헬스는 국민의 생명을 지키고, 기술 혁신으로 세계를 선도하는 대한민국의 미래"라며, 이 산업이 건강과 경제를 동시에 지탱할 것이라고 강조했다. 이는 성남시장 시절 지역 의료 접근성을 높이고, 경기도지사 시절 기본 건강 정책 추진의 연장선이다. 이재명 정부의 바이오헬스 육성 정책이, 셀트리온, 삼성바이오로직스, 오스템임플란트, 에스디바이오센서 등 주요 유망 기업의 성장 시나리오를 어떻게 이끌어 갈지 귀추가 주목되고 있다.

이재명 정부는 2025부터 2030년까지 15조 원을 바이오헬스 산업에 투자해 글로벌 경쟁력을 강화한다는 계획이다. 이 자금은 연구개발(R&D, 6조 원), 규제 혁신 및 인프라 구축(5조 원), 글로벌 시장 진출 지원(4조 원)으로 배분된다. 이재명 대통령은 "바이오헬스는 국민 건강을 지키고 경제를 살리는 핵심"이라며, 이 정책이 일자리 창출과 기술 패권을 동시에 달성할 것이라고 밝혔다.

정책은 R&D 확대, 규제 혁신, 글로벌 진출로 나누어진다. 바이오의약품, 의료기기, 디지털 헬스케어의 신기술 개발을 지원하며, 규제 혁신으로 신기술의 허가 및 시장 진입을 가속화하고, 현지화 전략과 국제 협력으로 글로벌 시장을 공략하겠다는 전략이다.

2023년 기준 글로벌 바이오헬스 시장은 1.4조 달러로, 2030년까지 연평균 5.3% 성장해 2.0조 달러에 이를 전망이다. 한국은 2023년 230억 달러(세계 11위)에서 2030년 400억 달러(세계 8위)로 연평균 8.7% 성장하며 글로벌 리더로 도약할 가능성을 보인다.

분야	투자 규모	주요 목표
연구개발(R&D)	6조 원	- 바이오의약품 - 의료기기 기술 혁신
규제 혁신 및 인프라 구축	5조 원	- 신속 심사 - 데이터 플랫폼 구축
글로벌 시장 진출 지원	4조 원	- 현지화 및 인허가 지원 - 국제 파트너십

Fig 66. 바이오헬스 투자 로드맵
(자료 출처: 대한경제포럼 경제 편집부)

이 정책은 이재명 대통령의 공정 철학을 구현한다. 그는 "바이오헬스의 혜택이 대기업에 국한되지 않고, 중소기업과 지역 사회로 확산되어야 한다."라며, 지역 의료 격차 해소와 중소기업 참여를 강조했다.

이재명 정부의 바이오헬스 정책은 이재명 대통령의 실용적 비전을 보여준다. 15조 원의 투자는 글로벌 경쟁력을 높이지만, 중소기업과 지역 의료 접근성 강화는 과제다. 그의 공정 철학이 지역 병원과 중소 바이오텍으로 혜택을 확산시킬 수 있을지가 정책 성공의 열쇠다.

─── **(1) 바이오의약품 분야**

바이오의약품 시장은 글로벌 수요 증가로 급성장 중이다. 2024년 4,225억 달러에서 2034년 9,215억 달러로 연평균 8.2% 성장할 전망이다. 셀트리온과 삼성바이오로직스는 이재명 정부의 지원을 발판으로 글로벌 선두를 다투게 될 것이다.

셀트리온은 바이오시밀러로 유럽과 북미 시장에서 강세다. 2024년 3분기 매출 7,843억 원, 영업이익 2,321억 원을 기록하며 안정적 성장세를 보였다. 정부의 6조 원 R&D 지원은 신약 개발을 가속화하며, 2025부터 2030년 사이 연평균 15% 매출 성장이 예상된다.

삼성바이오로직스는 위탁생산(CMO)과 위탁개발생산(CDMO)에서 세계 1위를 목표로 한다. 2024년 수주잔고 3.6조 달러, 5공장 증설로 생산능력을 확대한다. 정부의 규제 혁신과 글로벌 진출 지원으로 2025부터 2030년 사이 연평균 18% 매출 성장이 전망된다.

기업	2025~2030년 예상 연평균 매출 성장률	주요 강점
셀트리온	15.0%	- 바이오시밀러 - 글로벌 시장 점유율
삼성바이오로직스	18.0%	- CMO/CDMO - 설비 확장

Fig 67. 주요 바이오의약품 기업의 성장 전망
(자료 출처: 대한경제포럼 경제 편집부)

셀트리온과 삼성바이오로직스의 성장은 이재명 대통령의 "국민의 기술이 세계를 선도한다."라는 비전을 구현한다. 그러나 중소 바이오텍의 R&D 참여와 기술 이전은 필수다. 공정한 생태계 구축이 K-바이오의 지속 가능성을 결정할 것이다.

(2) 의료기기 분야

의료기기 시장은 AI와 디지털 헬스케어의 접목으로 빠르게 성장 중이다. 2023년 글로벌 시장은 5,291억 달러로, 2030년까지 연평균 5.5% 성장할 전망이다. 오스템임플란트와 에스디바이오센서는 정부 지원으로 글로벌 경쟁력을 강화한다.

오스템임플란트는 치과 임플란트 시장에서 아시아 1위, 글로벌 3위를 기록한다. 2024년 매출 1.2조 원을 돌파하며 북미와 중국 시장을 확대했다. 정부의 인프라 지원으로 생산시설을 확충하며, 2025~2030년 연평균 12% 매출 성장이 예상된다.

에스디바이오센서는 코로나19 진단키트로 글로벌 입지를 다졌다. 2024년 3분기 매출 3,500억 원을 기록하며 안정적 성장세를 보였다. AI 기반 진단 기술과 정부의 규제 샌드박스 지원으로 2025부터 2030년 사이 연평균 14% 매출 성장이 전망된다.

기업	2025~2030년 예상 연평균 매출 성장률	주요 강점
오스템임플란트	12.0%	- 치과 임플란트 - 글로벌 네트워크
에스디바이오센서	14.0%	- AI 진단키트 - 시장 확대

Fig 68. 주요 의료기기 기업의 성장 전망
(자료 출처: 대한경제포럼 경제 편집부)

오스템임플란트와 에스디바이오센서의 성장은 이재명 정부의 의료기기 정책이 혁신을 가속화한 결과다. 이재명 대통령의 "국민 건강이 최우선"이라는 비전은 지역 병원과 저소득층의 의료기기 접근성 확대를 통해 완성되어야 한다.

── **K-바이오의 세계화**

이재명 정부는 바이오헬스 기업의 글로벌 진출을 위해 세 가지 전략을 추진한다. 북미와 유럽에 생산 거점을 설립하고, 현지 규제에 맞춘 제품을 개발해 현지화하고, 미국 식품의약국(FDA)과 유럽 의약품청(EMA) 인허가 프로세스를 지원해 심사 기간을 단축시키며, WHO, 게이츠재단과 파트너십을 통해 아시아 및 신흥 시장을 공략한다는 골자다.

2025년 10월 세계 바이오 서밋은 K-바이오의 글로벌 위상을 강화할 기회다. 이재명 대통령은 "K-바이오는 국민의 건강과 경제를 동시에 지킨다."라며, 국제 협력으로 기술 패권을 확보하겠다고 밝혔다. 글로벌 진출 전략은 K-바이오의 성장 동력이다. 그러나 대기업 중심 지원이 중소기업으로 확산되어야 이재명 대통령의 포용적 비전이 완성된다. 중소기업의 현지화 역량 강화가 정책 성공의 관건이다.

이재명 정부는 15조 원 투자 규모의 바이오헬스 육성 정책을 바탕으로 셀트리온, 삼성바이오로직스, 오스템임플란트, 에스디바이오센서를 글로벌 리더로 키우겠다는 포부를 밝혔다. R&D, 규제 혁신, 글로벌 진출 지원은 K-바이오를 세계 8위 시장으로 도약시킬 기반이 될 것이다. 이재명 대통령의 '국민과 함께 만드는 건강한 미래'라는 비전은, 바이오헬스 산업을 통해 국민주권의 새로운 장을 열고 있다.

급변하는 정책 구조
최적의 투자 전략은?

이재명 정부는 2025년 현재 친환경 에너지, 디지털 뉴딜, 미래차, K-콘텐츠, 방산, 바이오헬스 산업을 육성하며 대한민국의 경제 구조 재편을 구상하고 있다. 이재명 대통령은 "국민의 자산이 공정하게 성장하고, 기회가 모두에게 열려야 한다."라며, 정책이 국민의 경제적 기회와 직결되어야 한다고 강조했다.

투자 전략의 핵심 원칙은 다음과 같다. 먼저 정책을 분석해야 한다. 정부의 재정 투입과 규제 완화가 산업 성장에 미치는 영향을 분석해 우선순위를 설정한다. 두 번째는 중장기 성장성을 봐야 한다. 매출 성장률 12~20%, 시장 점유율 증가율 5~10% 이상의 기업을 선별한다. 성장 가능성을 봤다면 글로벌 경쟁력도 확인해야 한다. 수출 비중 30% 이상, 글로벌 시장 점유율 10% 이상인 기업에 집중 투자한다는 원칙이다. 여기서는 이재명 정부의 정책 변화에 대응하는 투자 전략을 분석하고, 중장기적 투자 원칙과 리스크 관리 방안을 제시하며, 이재명 대통령의 비전이 투자자들에게 미치는 영향을 살펴보자.

── 전략 1. 정책별 분석 투자

이재명 정부는 2025~2030년 127조 원을 5대 전략 산업에 투입하며, 각 산업은 높은 성장 잠재력을 보인다. 투자자는 정책 지원의 우선순위를 고려해 포트폴리오를 구성해야 한다.

산업	투자 우선순위	핵심 기업	정책 지원 규모
친환경 에너지	높음	한화솔루션, OCI, LG에너지솔루션	50조 원
디지털 뉴딜 2.0	높음	삼성전자, SK하이닉스, 네이버, 카카오	30조 원
미래차	높음	현대자동차, LG에너지솔루션, 현대모비스	20조 원
K-콘텐츠·방산	중간	CJ ENM, 스튜디오드래곤, KAI, 한화에어로스페이스	22조 원
바이오헬스	높음	셀트리온, 삼성바이오로직스, 오스템임플란트, 에스디바이오센서	15조 원

Fig 69. 정책별 투자 우선순위와 핵심 기업
(자료 출처: 대한경제포럼 경제 편집부)

2024년 기준, 친환경 에너지와 바이오헬스 산업은 글로벌 시장 성장률이 각각 6.5%와 5.3%로, 디지털 뉴딜(8.2%)과 미래차(7.8%)가 뒤를 잇고 있다. K-콘텐츠와 방산은 수출액 증가율이 각각 10%와 12%로 중간 수준의 안정적 성장을 보인다.

이재명 대통령의 공정 철학은 투자자에게도 기회를 제공한다. 127조 원의 정책 투자는 산업 성장을 가속화하지만, 중소기업과 지역 경제로의 혜택 분배는 과제다. 투자자는 정책 수혜 기업을 중심으로 포트폴리오를 구성하되, 포용적 비전을 고려해 중소기업 관련 ETF나 펀드도 검토해야 한다.

── **전략 2. 중장기 유망 기업 투자**

중장기적으로 유망할 기업은 어떻게 골라야 할까? 기업 선정은 성장성, 재무 안정성, 글로벌 경쟁력을 기준으로 한다.

평가 기준	지표	목표치
성장성	매출 성장률, 시장 점유율 증가율	12~20%, 5~10%
재무 안정성	ROE, 부채비율	ROE 15% 이상 부채비율 50% 이하
글로벌 경쟁력	글로벌 시장 점유율, 수출 비중	10% 이상, 30% 이상

Fig 70. 중장기 유망 기업의 주요 평가 지표
(자료 출처: 대한경제포럼 경제 편집부)

친환경 에너지 분야에서는 한화솔루션이 16%의 ROE와 40%의 수출 비중을 기록하고 있으며, LG에너지솔루션은 매출 성장률 20%로 빠르게 성장 중이다. 디지털 뉴딜 영역에서는 삼성전자가 글로벌 점유율 15%와 ROE 18%를 보이며 시장을 선도하고 있고, 네이버 역시 20%의 매출 성장률을 나타내고 있다. 미래차 분야에서는 현대자동차가 수출 비중 50%, 매출 성장률 15%로 견조한 성과를 내고 있으며, LG에너지솔루션도 중복 진입해 전기차 배터리 시장을 주도하고 있다. K-콘텐츠와 방산 부문에서는 CJ ENM이 12.2%의 매출 성장률을, 한화에어로스페이스는 30.3조 원의 수주잔고를 기반으로 성장 여력을 보여준다. 바이오헬스 분야에서는 셀트리온이 매출 성장률 15%를 기록 중이며, 삼성바이오로직스는 글로벌 시장 점유율 20%로 세계 무대에서 존재감을 확대하고 있다. 2024년 데이터에 따르면, 이들 기업의 평균 ROE는 15~20%, 부채비율은 30~50%로 안정적이며, 글로벌 시장 점유율은 10~25%로 성장 가능성이 높다.

이재명 대통령의 "기회는 모두에게 공정해야 한다."라는 철학은 투자자에게도 시사점을 준다. 대기업 중심의 높은 ROE와 성장률은 매력적이지만, 중소기업의 혁신 잠재력도 주목해야 한다. 이재명 정부의 중소기업 지원 정책을 활용한 선별이 장기 수익률을 높일 수 있다.

── 전략 3. 산업별 투자

이재명 정부의 산업 전략은 5대 핵심 분야를 중심으로 정책 지원과 민간 투자의 방향을 명확히 제시하고 있다. 먼저 친환경 에너지 부문에서는 태양광, 풍력, 에너지 저장장치(ESS) 기술을 선도하는 한화솔루션과 폴리실리콘 생산 확대에 나선 OCI가 주목받는다. 이는 2030년까지 재생에너지 비중을 40%로 끌어올리고, 약 50조 원의 정책 지원이 투입되는 계획과 맞물려 있다. 다만 원자재 가격 변동성과 글로벌 경쟁 심화가 잠재적 리스크로 지적된다.

디지털 뉴딜 2.0 분야에서는 AI 기반 플랫폼 기업인 네이버·카카오와 반도체 강자인 삼성전자·SK하이닉스에 장기 투자하는 전략이 유효하다. 정부의 30조 원 투자와 글로벌 AI 시장 12.3% 성장률이 긍정적이지만, 기술 규제와 칩 공급 부족이 변수로 작용할 수 있다.

미래차 부문은 현대자동차와 LG에너지솔루션의 전기차, 현대모비스의 수소차에 중점을 두고 있으며, 20조 원 규모의 충전 인프라 확충과 2030년까지 연 7.8%의 시장 성장률이 뒷받침되고 있다. 다만 배터리 공급망의 불안정성은 여전히 관리가 필요한 영역이다.

K-콘텐츠와 방산 분야는 CJ ENM, 스튜디오드래곤, 한화에어로스페이스 등이 대표 기업으로 꼽히며, 콘텐츠 수출 250억 달러와 방산 수주 138조 원이라는 야심 찬 목표가 설정돼 있다. 그러나 지정학적 불확실성과 콘텐츠 수요의 변화는 지속적인 유연성을 요구한다.

마지막으로 바이오헬스 부문에서는 셀트리온, 삼성바이오로직스, 에스디바이오센서에 대한 집중 투자가 이뤄지고 있으며, 글로벌 시장 5.3% 성장과 15조 원 규모의 정부 투자가 기대 요인이다. 반면 인허가 지연과 R&D 비용 증가가 리스크로 작용할 수 있다.

전반적으로 이재명 정부의 정책은 투자자에게 전략적 방향성을 제공하며, 특히 지역 중심의 산업 생태계 활성화를 통해 중소기업 참여를 견인하려는 의지가 강하다. 다만 글로벌 기술·시장 트렌드와의 정합성을 고려한 균형 잡힌 접근이 지속적으로 요구된다.

─ 전략 4. 분산 투자와 리스크 관리

분산 투자는 특정 산업의 변동성을 완화하고 리스크를 줄여준다.

산업	포트폴리오 비중	근거
재생에너지	25~30%	높은 정책 지원, 글로벌 수요 증가
디지털 뉴딜 2.0	20~25%	AI · 반도체의 지속적 성장 전망
미래차	20~25%	전기 · 수소차의 시장 확대
K-콘텐츠 · 방산	10~15%	안정적 수익, 지정학적 리스크
바이오헬스	20~25%	고령화와 기술 혁신 수혜

Fig 71. 산업별 포트폴리오 비중 분산 제안
(자료 출처: 대한경제포럼 경제 편집부)

2024년 글로벌 시장 변동성(지난 3년 평균 15%)과 정책 불확실성을 고려할 때, 분산 투자는 리스크를 10~15% 줄일 수 있다. ETF와 섹터 편드를 활용해 산업별 노출을 조정하는 것이 효과적이다. 이재명 대통령의 포용적 비전은 분산 투자로 구현된다. 특정 산업에 치우치지 않고 지역 중소기업과 대기업을 아우르는 포트폴리오는 이재명 정부의 공정성 철학을 반영하며, 안정적 수익을 보장한다.

정책 변화는 언제나 기회와 리스크를 동반하기에, 이재명 정부는 투자자 보호를 위한 다층적 리스크 관리 체계를 구축하고 있다. 금리 상승과 환율 변동 같은 글로벌 경제 불확실성은 지속적으로 모니터링되며, 예산 집행 지연과 같은 정책 실행 리스크에 대비해 포트폴리오를 다각화하는 전략이 권장된다. 산업별로는 에너지 분야의 원자재 가격, AI의 기술 규제, 바이오헬스의 인허가 이슈가 주된 리스크로 식별되며, 이를 상쇄하기 위해 ESG 펀드와 글로벌 ETF를 활용한 전략이 제시된다. 특히 2024년 ESG 펀드의 평균 수익률이 8%에 달할 것으로 전망되면서 안정적 수단으로 주목받고 있다. 이러한 체계적 대응은 이재명 대통령이 강조한 '국민의 신뢰가 정책의 뿌리'라는 철학과도 일치한다. 리스크 관리가 철저할수록 정책의 신뢰도는 높아지고, 이는 곧 투자자의 확신으로 이어진다.

더불어 투자 성과 평가는 반기 또는 연간 단위로 이뤄지며, 시장 상황이나 정책 변화에 따라 유연하게 포트폴리오를 재조정해야 한다. 이처럼 이재명 정부는 국민 중심 철학을 바탕으로 지속 가능한 투자 문화를 조성하고 있으며, 이는 정책의 생명력을 높이고 투자자의 실질적 기회를 확장하는 기반이 된다.

이재명 정부의 127조 원 정책 투자는 친환경 에너지, 디지털 뉴딜, 미래차, K-콘텐츠, 방산, 바이오헬스 산업의 성장을 가속화하며 투자 기회를 창출할 계획이다. 이재명 대통령의 공정과 기회균등 철학은 투자 전략에 반영되어, 대기업과 중소기업, 수도권과 지역을 아우르는 포용적 포트폴리오를 요구한다. 분산 투자, 리스크 관리, 정기적 성과 평가를 통해 투자자는 정책 변화에 효과적으로 대응할 수 있다. 이재명 대통령의 '국민과 함께 만드는 경제'라는 비전은, 투자자들에게 공정한 기회와 안정적 수익을 약속하며 대한민국의 새로운 미래를 열고 있다.

중장기 투자는 다르다
포트폴리오 구성 전략

이재명 정부는 2025년 6월 이재명 대통령의 취임 이후 친환경 에너지, 디지털 뉴딜, 미래차, K-콘텐츠, 방산, 바이오헬스 산업을 통해 대한민국의 경제 재도약을 추진하고 있다. 이재명 대통령은 "국민의 자산이 공정하게 성장하고, 기회가 모두에게 열려야 한다."라며, 투자 정책이 국민의 경제적 기회 확대와 직결되어야 한다고 밝혔다. 이재명 정부의 정책 변화에 대응하는 중장기 투자 포트폴리오 구성 원칙과 전략을 살펴보면 다음과 같다.

— **전략 1. 포트폴리오 구성 원칙**
포트폴리오 구성의 핵심 원칙은 명확하다. 정책 지원 강도, 산업 성장성, 기업 안정성까지 이 세 가지 기준을 충족하는 영역에 자본을 배분해야 한다. 먼저, 정책 측면에서 친환경 에너지(50조 원), 디지털 뉴딜(30조 원), 바이오헬스(15조 원) 등은 정부 예산이 집중되는 분야로, 중장기적 정책 수혜가 확실시된다. 성장성 기준으로는 글로벌 시장 성장률이 각각 6.5%, 8.2%, 5.3%에 달해 산업 자체의 확장성이 높다. 마지막으로 안정성 항목에서 ROE 15% 이상, 부채비율 50% 이하라는 워렌 버핏식 기업 선별 기준은 투자 리스크를 낮추는 확실한 잣대가 된다. 따라서 이재명 정부의 정책 방향과 글로벌 산업 흐름, 재무 건전성까지 아우르는 이 세 축을 기준으로 투자 포트폴리오를 구성해야만, 정책과 시장 변화에 유연하게 대응할 수 있는 탄탄한 투자 전략이 완성된다. 따라서 투자자는 정책 지원 강도, 산업 성장성, 기업 안정성을 기준으로 포트폴리오를 구성해야 한다.

구성 원칙	세부 기준	목표치
정책 지원 강도	산업별 예산 비중	15조 원 이상, 전체 예산의 10% 이상
산업 성장성	예상 연평균 산업 성장률	5 ~ 12%
기업 안정성	ROE, 부채비율	ROE 15% 이상, 부채비율 50% 이하

Fig 72. 포트폴리오 구성의 핵심 원칙과 세부 기준
(자료 출처: 대한경제포럼 경제 편집부)

이재명 대통령의 공정 철학은 이런 투자 포트폴리오 구성에도 반영된다. 정책 지원이 대기업에 치우치지 않고 중소기업과 지역 경제로 확산되도록, 투자자는 ETF와 중소기업 펀드를 활용해 투자하면 좋다.

전략 2. 산업군별 전략적 배분

이재명 정부의 정책은 산업별 성장 잠재력을 강화한다. 투자자는 2025~2030년 산업별 성장률과 정책 지원을 고려해 비중을 배분해야 한다.

연도별 권장 투자 비중을 살펴보면, 단연 친환경 에너지가 25~30%로 가장 차지하고 있는 비중이 크다. 50조 원 정책 지원, 재생에너지 비중 40% 목표, 매출성장률 15%의 한화솔루션 등의 호재를 보면 중장기 투자에 가장 적합한 산업군으로 분류할 수 있다.

산업군	2025년	2026년	2027년	2028년	2029년	2030년	권장 비중
재생에너지	26%	27%	28%	29%	29%	30%	20 ~ 30%
디지털 혁신	20%	21%	22%	23%	24%	25%	20 ~ 25%
미래차	16%	17%	17%	18%	18%	19%	15 ~ 20%
바이오헬스	21%	21%	22%	23%	24%	25%	20 ~ 25%
K-콘텐츠·방산	12%	13%	13%	14%	14%	15%	10 ~ 15%

Fig 73. 연도별 권장 투자 포트폴리오 비중
(자료 출처: 대한경제포럼 경제 편집부)

디지털 혁신 분야는 AI와 반도체를 중심으로 한 핵심 산업으로, 투자 비중 20~25%를 권장할 만하다. 글로벌 AI 시장은 연평균 8.2% 성장 중이며, 삼성전자는 15%의 글로벌 점유율을 바탕으로 시장을 선도하고 있다. SK하이닉스 또한 매출성장률 20%를 기록하며 반도체 수급 불안정 국면 속에서도 강한 저력을 보이고 있다. 기술 패권 경쟁이 심화되는 글로벌 환경 속에서 장기적으로 높은 수익성과 전략적 우위를 동시에 확보할 수 있는 중핵 자산이라 할 수 있다.

미래차는 글로벌 시장에서 연평균 7.8% 성장세를 보이는 산업으로, 15~20% 비중을 확보할 필요가 있다. 특히 현대자동차는 수출 비중이 50%에 이르고, LG에너지솔루션은 배터리 점유율 20%를 차지하며, 이미 글로벌 공급망의 핵심으로 자리잡았다는 점에서 이 산업군은 전기차 대중화와 함께 안정적인 수익을 기대할 수 있는 중장기 유망처다.

바이오헬스 분야는 5.3%라는 안정적인 글로벌 성장률을 바탕으로 20~25%의 투자 비중을 추천할 수 있다. 셀트리온은 15%의 매출 성장률을 기록하고 있으며, 팬데믹 이후로 축적된 R&D 기반과 정부의 15조 원 정책 투자 역시 이 분야의 성장을 뒷받침하고 있어, 보수적인 투자자에게도 매력적인 선택지가 될 수 있다.

K-콘텐츠·방산 산업군은 비교적 작은 비중인 10~15%를 차지하지만, 전략적 포지셔닝이 가능한 영역이다. 특히 방산은 지정학적 긴장이 지속되는 한 중장기적 수요가 견고하다는 점에서, 경기 변동과 무관한 '방어형 자산'으로도 기능할 수 있다.

이재명 대통령의 '국민이 경제의 주인'이라는 비전은 투자 비중 배분에도 반영된다. 친환경 에너지와 바이오헬스에 높은 비중을 두되, K-콘텐츠와 방산의 안정성을 활용한 균형 잡힌 포트폴리오는 이재명 정부의 포용적 성장 철학을 구현한다.

─── 전략 3. 포트폴리오 리밸런싱과 모니터링

포트폴리오 리밸런싱은 시장 환경과 정책 변화에 능동적으로 대응하기 위한 핵심 전략이다. 이를 위해 연 1회 이상 정기 점검이 권장되며, 반기별 검토가 이상적이다. 비중 조정은 정부의 정책 예산 변화나 글로벌 시장 성장률 변동(±2%), 그리고 기업 실적(ROE ±3%)에 따라 이루어진다. 수익률, 변동성, KOSPI 대비 성과 등 주요 지표를 바탕으로 성과를 분석한 뒤, 성장률 5% 미만의 부진 산업은 축소하고 ROE 15% 이상을 기록한 유망 산업의 비중은 확대하는 방식으로 재조정한다. 2024년 기준 국민연금의 자산 구성(주식 45%, 채권 40%, 대체투자 15%)은 정책 대응과 수익 최적화를 동시에 달성한 대표적 리밸런싱 사례로 꼽힌다. 특히 바이오헬스 분야에 4조 원이 추가 투입된 경우처럼, 정책 변화가 감지될 경우 포트폴리오 비중을 2~3% 조정해 수익률을 극대화할 수 있다. 이재명 대통령이 강조해온 '정책의 투명성과 국민 신뢰'는 이러한 데이터 기반 리밸런싱 구조를 통해 실현되며, 궁극적으로 정책 지속 가능성과 투자자 신뢰를 동시에 뒷받침하게 될 것다.

또한 포트폴리오의 정기 성과 평가와 실시간 모니터링 시스템은 포트폴리오의 지속 가능성을 확보하기 위해 필수적이다. 연간 수익률 목표는 8~12%로 설정되며, KOSPI 대비 23%의 초과 수익이 기준이다. 위험 조정 수익률은 샤프비율 1.0 이상, 변동성은 10~15% 이내로 관리하고, MSCI 월드 지수나 KOSPI와의 비교를 통해 벤치마크 초과 달성을 점검한다. 이를 위해 정책 예산, 산업 성장률, 기업 ROE 등의 지표를 실시간으로 보여주는 데이터 대시보드와 분기별 성과 리포트가 활용된다. 2024년 국민연금이 기록한 연평균 수익률 5.61%는 안정적 기준점으로 평가되며, 투자자는 금리(3.5%), 환율(1,350원/달러) 등 주요 변수 변화에 따라 유연하게 조정할 필요가 있다.

이재명 정부의 127조 원 정책 투자는 친환경 에너지, 디지털 혁신, 미래차, 바이오헬스, K-콘텐츠, 방산 산업의 성장을 가속화하며 투자 기회를 창출한다. 이재명 대통령의 공정과 기회균등 철학은 정책 지원 강도(15조 원 이상), 산업 성장성(5~12%), 기업 안정성(ROE 15% 이상)을 기준으로 한 포트폴리오 구성에 반영된다. 권장 비중(친환경 25~30%, 바이오헬스 20~25%)과 정기 리밸런싱, 투명한 성과 평가는 리스크를 최소화하고 수익을 극대화한다. 이재명 대통령의 "국민의 자산이 미래를 만든다."라는 비전은, 중장기 투자 전략을 통해 국민주권의 경제적 미래를 열고 있다.

국가 규모의 투자 리스크
어떻게 관리하고 대응하나?

　이재명 정부는 2025년 6월 이재명 대통령의 취임 이후 친환경 에너지, 디지털 뉴딜, 미래차, K-콘텐츠, 방산, 바이오헬스 산업에 127조 원을 투입하며 경제 재도약을 추진하고 있다. 이런 정책 변화 앞에 글로벌 경제 환경에 따른 투자 리스크 관리 전략을 분석하며, 체계적인 대응 방안을 찾고, 이재명 대통령의 비전이 투자자들에게 미치는 영향을 알 수 있어야 한다.

리스크 관리의 원칙과 대응 전략

투자 리스크 관리는 이재명 정부의 정책 변화와 글로벌 경제 불확실성 속에서 중장기 수익률을 안정화하는 핵심 요소다. 2024년 글로벌 시장 변동성(평균 15%, 한국거래소)과 정책 실행 지연(10%, KDI) 등을 고려할 때, 리스크 관리는 투자 성공의 필수 조건이다.

리스크 관리 원칙	세부 내용	목표
분산 투자	안전자산 20%, 산업별 투자 80%	리스크 분산, 변동성 10~15% 이내
시장 모니터링	분기별, 반기별 시장·정책 동향 분석	선제적 대응, 손실률 5% 이하
리밸런싱	수익률 저하(5% 미만) 시 비중 조정	수익률 최적화, 연 8~12% 목표

Fig 74. 리스크 관리의 핵심 원칙
(자료 출처: 대한경제포럼 경제 편집부)

이재명 정부의 투자 리스크 관리 전략은 단순히 시장 변동성을 방어하는 수단을 넘어, 정책 변화와 글로벌 경제 불확실성 속에서 중장기 수익률을 안정화하기 위한 국가적 투자 철학의 실현이다. 2024년 글로벌 시장은 한국거래소 기준 평균 15%의 높은 변동성을 기록하고 있으며, 국내 정책 집행도 10% 내외의 지연률을 보이고 있다. 이러한 복합적 리스크 요인들은 투자 성과의 일관성을 위협할 뿐만 아니라, 정부 정책의 실효성과 국민 자산의 안정성을 시험대에 올려놓는다. 따라서 리스크 관리는 단순한 옵션이 아니라, 투자 성공의 필수 조건이자 정부 신뢰도를 뒷받침하는 핵심 전략으로 자리 잡고 있다.

이재명 정부는 리스크 관리의 구체적 해법으로 분산 투자와 유연한 리밸런싱 체계를 강조한다. 친환경 에너지, 디지털 혁신, 미래차, 바이오헬스, K-콘텐츠, 방산산업과 같이 정책 수혜 산업에 총 투자 비중의 80%를 배분하되, 국채, 금과 같은 안전자산을 20% 편입해 시장 충격에 대비하도록 권장한다. 또한 투자자는 금리(3.5%대), 환율(1,350원/달러 수준), 정책 예산의 집행률, 산업 성장률, 주요 기업의 ROE 등 주요 지표를 실시간으로 모니터링해야 한다. 특히 산업 성장률이 ±2%, ROE가 ±3% 이상 변동할 경우에는 단순히 관망하는 것이 아니라 포트폴리오 비중을 즉각 재조정하는 능동적 리밸런싱이 필요하다. 이는 개별 투자자의 전략일 뿐 아니라, 정부가 제시하는 데이터 기반 투자 문화의 골간을 이룬다.

리스크 유형	리스크 요인	리스크 수준	대응 전략
정책 리스크	급격한 정책 변경	높음	- 정책 공시 모니터링 - 유동성 확보
	규제 강화	중간	- 규제 샌드박스 수혜 기업 투자
글로벌 리스크	무역 분쟁	높음	- 글로벌 ETF - 다국적 기업 투자
	경기 둔화	중간	- 안전자산 비중 20~25% 확대
	금리 변동성	높음	- 고정금리 자산 선호 - 변동금리 비중 축소

Fig 75. 주요 리스크 요인과 대응 전략
(자료 출처: 대한경제포럼 경제 편집부)

관리 프로세스와 매뉴얼

효과적인 리스크 관리를 위해서는 체계적인 프로세스와 모니터링 시스템이 필요하다. 리스크 관리 프로세스 단계는 다음과 같다. 첫 번째는 리스크 식별 단계다. 시장 분석(금리, 환율), 전문가 평가(정책 보고서, X 포스트 등), 산업 동향 점검하는 과정이다. 식별이 끝나면 리스크를 평가하는 단계로 들어간다. 리스크 강도(높음/중간/낮음), 영향도(수익률 -5% 이상)를 기준으로 분류한다. 그 다음으로 대응 전략 수립 단계에 들어간다. 산업별 전망 또는 포트폴리오 비중을 고려해 투자 비율을 조정하는 것이다. 마지막으로 전략을 실행하고 결과를 모니터링하는 단계가 남는다. 실시간 데이터 대시보드(정책 예산, ROE), 분기별 리포트 등을 참고해 분석하고 평가한다. 그러나 리스크는 관리 체계로만 예방할 수 있는 문제가 아니다. 어떤 상황에서는 위기는 오기 마련이고, 이런 위기 상황에 대비한 위기 시나리오 기반 대응 전략은 손실을 최소화할 수 있다.

위기 시나리오	상황	방안
글로벌 경기 둔화	GDP 성장률 2% 미만	- 안전자산 비중 20% → 30% - 방산 투자 축소
정책 급변	예산 10% 이상 삭감	- 유동성 확보(현금 15%) - 중소기업 ETF 투자
금리 급등	금리 4.5% 이상	- 변동금리 자산 축소 - 고정금리 채권 25%

Fig 76. 주요 위기 시나리오와 대응 매뉴얼
(자료 출처: 대한경제포럼 경제 편집부)

위기 상황에 직면했을 때 국가는 유연한 자산 배분 전략을 통해 대응력을 높여야 한다. 먼저 글로벌 경기 둔화 국면에서는 2024년 IMF가 세계 GDP 성장률을 2.5%로 전망한 만큼, 국채나 금과 같은 안전자산의 비중을 확대해 방어력을 높이는 것이 중요하다. 정책 급변이 예상될 경우, 예컨대 2023년처럼 예산 집행 지연률이 10%에 달하는 상황에는 현금화가 용이한 유동성 자산과 중소기업 펀드에 대한 투자로 민첩성을 확보할 필요가 있다. 한편 금리가 평균 3.5%에서 4.5%로 급등할 경우에는, 이자 수익이 예측 가능한 고정금리 회사채에 대한 선호가 높아질 수밖에 없다. 이러한 대응 전략은 각 변수에 따라 포트폴리오를 조정함으로써 불확실성 속에서도 안정성과 수익성 간 균형을 유지하려는 시도의 일환이다.

── 예측 불가능한 위기를 이기는 전략

결국 경제는 숫자만으로 설명되지 않는다. 그것은 신뢰로 작동하는 구조이고, 시차를 두고 반응하는 생물이며, 불확실성 속에서도 방향을 설정해야 하는 정치적 선택의 연속이다. 이재명 정부가 보여준 경제 정책의 리스크 관리 전략은 단순히 변동에 대응하는 '사후적 조정'이 아니라, 위기를 구조화하고 제도화하는 대비 방식으로 진화하고 있다는 점에서 주목할 만하다. 글로벌 경기 둔화, 금리 급등, 정책 급변 등 3대 외부 충격을 각각 안전자산 확대, 고정금리 자산 선호, 유동성 중심 자산 운용으로 분리 대응하고, 이를 실시간 데이터 모니터링과 반기별 리밸런싱 체계로 뒷받침한 접근은 전통적 거시정책을 넘어선 유연한 매뉴얼의 구축을 의미한다.

정책은 예측할 수 없는 미래를 다루는 공공의 도구다. 그 도구가 작동하려면 '제도적 내구성'과 '시장의 신뢰', 그리고 '국민의 체감'이 동시에 뒷받침되어야 한다. 이재명 대통령이 "국민의 신뢰가 정책의 뿌리"라고 강조한 이유도 바로 여기에 있다. 주택 경기 급랭 시 총부채원리금상환비율(DSR) 연장 여부를 자동화된 기준으로 판단하고, 금리·환율·예산 집행률을 실시간 감지하는 시스템을 통해 '사실 기반의 대응'을 가능케 한 점은 단지 기술적 진보를 넘어, 정부 신뢰도를 정책 운용의 핵심 변수로 끌어올린 시도라 할 수 있다.

물론 불확실성은 여전히 남아 있다. 글로벌 공급망은 완전히 복구되지 않았고, 금리 변동성과 지정학적 긴장은 예고 없이 찾아올 수 있다. 하지만 중요한 것은 준비의 정교함이다. 위기가 닥쳤을 때 '어떻게' 대응할지를 미리 설계하고, 그 대응이 국민의 체감 속도에 맞춰 작동되도록 제도화한 정부라면, 그 자체로 위기를 흡수하는 하나의 복원력으로 기능한다.

이재명 정부가 만들어 갈 유산은 결국 숫자가 아니라 구조에 있다. 성장률 몇 퍼센트, 수출액 몇조 원보다 더 중요한 것은, 언제 어떤 외부 충격이 닥치더라도 정책이 흔들리지 않고, 사회적 합의 속에서 시장과 국민의 신뢰를 얻어낼 수 있는 국가 시스템으로 기능을 하느냐일 것이다. '국민과 함께 만드는 경제'라는 구호는 이제 공허한 수사가 아니라, 재정과, 금융과, 실물경제를 관통하는 다층적 설계로 구현될 예정이다.

이재명 정부의 리스크 관리와 대응 전략은 결국 하나다. 바로 "국민의 삶이 체감되지 않는 정책은 의미가 없다."라는 이재명 대통령의 철학이다. 이런 철학을 기반으로 구상된 정책 시스템은 '투명한 기준, 예측 가능한 실행, 포용적 분배'라는 가치를 중심으로 조직된다. 이는 단기 성과에 집착하지 않고, 위기의 파도를 견디면서도 국민에게 기회와 신뢰를 되돌려주려는 정치적 태도의 발현이며, 결국 정책의 뿌리를 '사람'에 두겠다는 선언과 같다.

에필로그

국민과 함께 그리는 지속 가능한 경제

2025년 6월, 이재명 대통령이 이끄는 이재명 정부는 127조 원 규모의 정책 투자를 통해 친환경 에너지, 디지털 혁신, 미래차, K-콘텐츠, 방산, 바이오헬스 등 여섯 개 산업을 새로운 성장축으로 설정했다. "국민이 주인인 경제"라는 대통령의 기조는 지역 화폐와 기본소득 실험을 넘어, 국가 경제 전략 전반에 관통되는 중심 철학으로 작용했다. 이는 단순한 경기 부양을 넘어 공정한 기회와 포용적 성장을 실현하고자 하는 이재명 대통령만의 철학이자 의지다.

이 책은 정부 정책의 방향성과 그로부터 파생되는 투자 기회를 연결해 보고자 했다. 정책 지원 강도, 산업별 성장성, 기업의 안정성이라는 세 가지 원칙을 중심으로 포트폴리오 전략을 구성하고, 리밸런싱과 리스크 관리 방안을 데이터에 기반해 설계했다. 경기 둔화, 금리 급등, 정책 변화 같은 복합 변수에도 흔들리지 않도록 투자자에게 실질적이고 지속 가능한 전략을 제시하는 것이 목표였다.

대한민국 경제의 미래는 단순한 수치가 아니라, 정책과 민간의 신뢰, 그리고 국민의 창의적 응답에 달려 있다. 변화는 불가피하지만, 그 변화 속에 기회가 있다. 이 책은 단순한 분석을 넘어, 투자자와 기업이 지속 가능한 성장을 추구하는 시작점이다. 경제는 살아 움직이는 생태계다. 지속적인 학습, 유연한 전략, 혁신적 사고가 투자 성공의 열쇠다. 이재명 대통령의 "국민의 땀이 미래를 만든다."라는 간결하고도 강력한 메시지는, 변화에 도전하고 기회를 포착하는 모든 이들에게 동력이 될 것이다.

마지막으로, 이 책이 독자들의 현명한 투자 여정에 든든한 동반자가 되기를 바란다. 이재명 정부의 비전과 국민의 창의력이 어우러진 대한민국은 지속 가능한 번영의 길로 나아갈 것이다. 우리 모두가 함께 그리는 밝은 경제 미래를 응원하며, 독자 여러분의 성공적인 투자와 밝은 미래를 진심으로 기원한다.

제 21대 대통령 이재명, 10대 공약

1. 세계를 선도하는 경제 강국을 만들겠습니다.

□ 목표

　○ AI 등 신산업 집중육성을 통해 새로운 성장기반 구축

　○ K-콘텐츠 지원강화로 글로벌 빅5 문화강국 실현

□ 이행 방법

　○ 인공지능 대전환(AX)을 통해 AI 3강으로 도약

　　- AI 예산 비중 선진국 수준 이상 증액과 민간 투자 100조원 시대 개막

　　- AI 데이터센터 건설을 통한 'AI 고속도로' 구축 및 국가 혁신거점 육성

　　- 고성능 GPU 5만개 이상 확보와 국가 AI데이터 집적 클러스터 조성

- '모두의 AI' 프로젝트 추진 및 규제 특례를 통한 AI 융복합 산업 활성화

- AI 시대를 주도할 미래인재 양성 교육 강화

○ 대한민국의 미래 성장을 위한 글로벌 소프트파워 Big5 문화강국을 실현

- K컬쳐 글로벌 브랜드화를 통한 K-이니셔티브 실현 및 문화수출 50조원 달성

- K-콘텐츠 창작 전 과정에 대한 국가 지원 강화 및 OTT 등 K-컬처 플랫폼 육성

- 문화예술인의 촘촘한 복지 환경 구축 및 창작권 보장

○ K-방산을 국가대표산업으로 육성

- K방산 수출 증대를 위한 컨트롤타워 신설 및 방위사업청 역량 강화

- 국방 AI 등 R&D 국가 투자 확대 및 방산수출기업 R&D 세제 지원 추진

○ 국가첨단전략산업에 대한 대규모 집중투자방안 마련

- 국민·기업·정부·연기금 등 모든 경제주체들이 참여할 수 있는 국민펀드 조성

- 일반국민·기업의 투자금에 대해 소득세·법인세 감면 등 과감한 세제혜택 부여

- 산업생태계 뒷받침을 위한 기금을 설치하여 맞춤형 자금공급 지원

○ 안정적 R&D 예산 확대 및 국가연구개발 지속성 담보

- 정부 R&D성과가 전체 산업으로 확산되는 혁신성장 체계 구축

- 기초 원천분야 R&D의 안정적 투자

- 혁신성장을 견인할 미래형 창의인재 양성

○ 벤처투자시장 육성으로 글로벌 4대 벤처강국 실현

- 모태펀드 예산 및 벤처·스타트업 R&D 예산 대폭 확대

- M&A 촉진 등을 통한 벤처투자의 회수시장 활성화

- 지역여건을 고려한 스타트업파크 조성, 대학·지식산업센터 등 지역거점으로 육성

○ 스마트 데이터농업 확산, 푸드테크·그린바이오 산업 육성, K-푸드 수출 확

대, R&D강화, 농생명용지 조기 개발로 농업을 미래농산업으로 전환·육성

☐ **이행 기간**
  ○ 법률 제·개정 사항은 2025년 6월부터 준비하여 단계적으로 추진
  ○ 재정사업은 2025년 추경과 2026년도 예산 수립부터 단계적으로 추진

☐ **재원조달방안 등**
  ○ 정부재정 지출구조 조정분, 2025~2030 연간 총수입증가분(전망) 등으로 충당

2. 내란극복과 K-민주주의 위상 회복으로 민주주의 강국을 만들겠습니다.

☐ **목표**
  ○ 내란극복
  ○ 국민통합
  ○ 민주주의 회복

☐ **이행 방법**
  ○ 대통령 계엄권한에 대한 민주적 통제 강화
    - 계엄선포시 국회의 계엄해제권 행사에 대한 제도적 보장 강화
  ○ 정치보복 관행 근절 등 국민통합 추진
  ○ 직접민주주의 강화 등을 통한 책임정치 구현
    - 국회의원에 대한 국민소환제 도입

○ 국민에 봉사하는 군으로 체질 개선
  - 국방문민화 및 군정보기관 개혁
  - 3군 참모총장에 대한 인사청문회 도입 및 각 군 이기주의 극복

○ 반인권적으로 운영되고 있는 국가인권위원회의 정상화 추진
  - 인권위원장 등 선출시 국민적 후보추천위원회 구성
  - 인권위원장과 인권위원의 의무 및 징계규칙 신설

○ 감사원의 정치적 중립성 및 독립성 강화
  - 감사개시, 고발여부 결정시 감사위원회 의결 필수화
  - 감사원 내부를 감찰하는 감찰관에 감사원 외부인사 임명 의무화

○ 검찰 개혁 완성
  - 수사·기소 분리 및 기소권 남용에 대한 사법통제 강화
  - 검사 징계 파면 제도 도입

○ 사법 개혁 완수
  - 온라인재판 제도 도입, 대법관 정원 확대 등 신속한 재판받을 권리 실질적 보장
  - 국민참여재판 확대 등 국민의 사법참여 확대
  - 판결문 공개 범위 확대 등 국민의 사법서비스 접근성 제고

○ 반부패 개혁으로 청렴한 공직문화 조성
  - 공직자 이해충돌방지 제도 강화
  - 고위공직자의 부동산·주식 등 거래내역신고제 도입

○ 주요 공공기관 기관장 등의 임기를 대통령 임기와 일치시켜 공공기관 경영 및 정책 추진의 일관성과 책임성 강화

○ 민생·인권친화적 제도 개선
  - 국선변호인 조력 범위의 단계적 확대

- 한국형 디스커버리제도(증거개시제도) 도입, 피해자 진술권 강화 등 사법절차 공정성 확대

○ 변호사의 공공성 강화
- 별도 위원회에 변호사 징계권한 부여 및 변호사 비밀유지권 법제화

○ 방송통신위원회의 정파성 극복을 위한 방송영상미디어 관련 법제 정비

○ 방송의 공공성 회복과 공적책무 이행으로 국민의 방송 실현
- 공영방송의 정치적 독립성 보장을 위한 법제 정비
- 방송의 보도·제작·편성의 자율성 보장

○ 건강하고 신뢰할 수 있는 미디어 이용환경 조성
- 반헌법적·반사회적 콘텐츠에 대한 플랫폼 책임성 강화
- 방송통신심의위원회의 독립성 및 정치적 중립성 강화

○ 제3기 진실화해위원회의 신속 출범

○ 학교 역사교육 강화 및 역사연구기관 운영의 정상화

☐ **이행 기간**

○ 법률 제·개정 사항은 2025년 6월부터 준비하여 단계적으로 추진

○ 재정사업은 2025년 추경과 2026년도 예산 수립부터 단계적으로 추진

☐ **재원조달방안 등**

○ 정부재정 지출구조 조정분, 2025~2030 연간 총수입증가분(전망) 등으로 충당

3. 가계·소상공인의 활력을 증진하고, 공정경제를 실현하겠습니다.

□ 목표
- 가계와 소상공인의 활력을 제고
- 공정한 경제구조 실현

□ 이행 방법
- 코로나 정책자금 대출에 대한 채무조정부터 탕감까지 종합방안 마련
- 12.3 비상계엄으로 인한 피해 소상공인 지원방안 마련
- 소상공인 금융과 경영부담 완화
  - 저금리 대환대출 등 정책자금 확대 및 키오스크 등 각종 수수료 부담 완화
  - 건물관리비 내역 공개로 임대료 꼼수 인상 방지
  - 디지털 전환 적극 추진 및 글로벌 소상공인 집중 육성
- 소비촉진으로 소상공인·자영업자 활기 도모
  - 지역사랑상품권 및 온누리상품권 발행 규모 확대
  - 지역별 대표상권 및 소규모 골목상권 육성을 통한 상권르네상스 2.0 추진
- 공정하고 지속가능하며 실패해도 재기할 수 있는 소상공인 경제 구축
  - '소상공인 내일채움공제' 도입으로 목돈 마련 기회 제공
  - 폐업지원금 현실화 및 폐업시 대출금 일시상환 유예 요건 완화
- 소상공인·자영업자 사회안전망 확대
  - 경찰청 연계 안심콜 의무화로 여성 소상공인 안전 강화
  - 소상공인·자영업자 육아휴직수당 확대
  - 자영업자의 '아프면 쉴 권리'를 위한 상병수당 확대

○ 가맹점주·대리점주·수탁사업자·온라인플랫폼 입점사업자 등 협상력 강화

○ 플랫폼 중개수수료율 차별금지 및 수수료 상한제 도입으로 공정한 배달문화 구축

○ 대환대출 활성화 및 중도상환수수료 단계적 감면 등 대출상환 부담 완화

○ 취약계층에 대한 중금리대출 전문 인터넷은행 추진

○ 가산금리 산정 시 법적비용의 금융소비자 부당전가 방지로 원리금상환부담 경감

○ 채무자 중심의 보호체계 구축 및 사각지대 해소

　- 장기소액연체채권 소각 등을 위한 배드뱅크 설치

　- 특별감면제·상환유예제 등 청산형 채무조정 적용 확대

○ 고품질 공공임대주택 및 공공임대 비율 단계적 확대

○ 전세사기 걱정 없는 사회, 부담없는 전월세로 서민의 주거사다리 복원

　- 전세사기 걱정 없고 임차인에게 책임이 전가되지 않는 보증제도 개선

　- 월세 세액공제 대상자 및 대상주택 범위 확대 등 월세 부담 완화

○ 주식시장 수급여건 개선 및 유동성 확충

　- 상장기업 특성에 따른 주식시장 재편 및 주주환원 강화

　- 외국인 투자자 유입 확대를 위한 제도 정비 및 MSCI 선진국지수 편입 적극 추진

○ 디지털자산 생태계 정비를 통한 산업육성기반 마련

○ 중소기업협동조합 등 단체협상권 부여로 제값받는 공정한 경제 창출

○ 중소기업 복지플랫폼 예산 확대 및 중소기업 상생금융지수 도입 추진

○ 한국형 디스커버리제도 도입 등 기술탈취 행위 강력 근절

○ 상법상 주주충실 의무 도입 등 기업지배구조 개선 통한 일반주주의 권익 보호

○ 자본·손익거래 등을 악용한 지배주주의 사익편취 행위 근절

○ 먹튀·시세조종 근절로 공정한 시장질서 창출

☐ **이행 기간**
  ○ 법률 제·개정 사항은 2025년 6월부터 준비하여 단계적으로 추진
  ○ 재정사업은 2025년 추경과 2026년도 예산 수립부터 단계적으로 추진

☐ **재원조달방안 등**
  ○ 정부재정 지출구조 조정분, 2025~2030 연간 총수입증가분(전망) 등으로 충당

4. **세계질서 변화에 실용적으로 대처하는 외교안보 강국을 만들겠습니다.**

☐ **목표**
  ○ 튼튼한 경제안보 구축
  ○ 지속가능한 한반도 평화 실현

☐ **이행 방법**
  ○ 국제적 통상환경 변화에 적극 대응하는 경제외교 추진
    - G20, G7 등을 통한 글로벌 현안 적극 참여
    - 성공적인 2025 경주 APEC 개최를 통한 외교역량 강화 및 국제위상 제고
    - 경제안보 증진을 위한 주요국과의 연대 강화
  ○ 우리의 외교영역을 확대하고 다변화
    - 신아시아 전략 및 글로벌사우스 협력 추진

- 통상·공급망·방산·인프라 등 분야에 있어 EU 및 유럽과의 실질협력 강화

○ **통상환경 변화 대응을 위한 무역구조 혁신**
- 국익을 최우선할 수 있도록 산업경쟁력 제고 및 전략적 통상정책 추진
- 수출시장·품목 다변화 추진 및 기후위기발 글로벌 환경무역 대응역량 강화
- 핵심소재·연료광물의 공급망 안정화를 위한 통상협력 강화

○ 국익과 실용의 기반 하에 주변 4국과의 외교관계 발전

○ 북한 핵 위협의 단계적 감축 및 비핵·평화체제를 향한 실질적 진전 달성

○ **한반도 군사적 긴장 완화, 평화 분위기 조성**
- 한반도 비핵화 목표 아래 남북관계 복원 및 화해·협력으로의 전환 추진
- 우발적 충돌방지 및 군사적 긴장완화, 신뢰구축 조치 추진

○ **굳건한 한미동맹에 기반한 전방위적 억제능력 확보**
- 한국형 탄도미사일 성능 고도화 및 한국형 미사일방어체계 고도화
- 한미동맹 기반 하 전시작전권 환수 추진

○ **국제사회에서의 공헌과 국격에 걸맞은 외교 추진**
- UN 등 국제기구에서의 적극적 역할 확대, 글로벌 기후위기 대응외교 강화
- 국제개발협력 및 적극적 공공외교 추진

○ 이산가족 상봉 등 남북 인도주의협력, 교류협력 모색·추진

○ 재외국민에 대한 적극적인 지원을 통한 권익과 안전 보호

○ 주력 제조업 경쟁력 강화를 위한 '전략산업 국내생산 촉진세제' 도입

○ **수출산업 보호를 위한 무역안보 단속체계 확립**
- 국산 둔갑 우회수출, 국가 핵심기술 유출 단속 강화
- 공급망 위기를 선제적으로 포착할 수 있는 공급망 조기경보시스템 고도화

○ 전략물자 국적선박 확보를 통한 물류 안보 실현

○ 식량안보 차원에서 쌀 등 주요농산물의 안정적 공급기반 구축

○ 어업협정 이행 강화 및 '불법 중국어선 강력 대응'을 통한 해양 주권 수호

□ 이행 기간

○ 법률 제·개정 사항은 2025년 6월부터 준비하여 단계적으로 추진

○ 재정사업은 2025년 추경과 2026년도 예산 수립부터 단계적으로 추진

□ 재원조달방안 등

○ 정부재정 지출구조 조정분, 2025~2030 연간 총수입증가분(전망) 등으로 충당

5. 국민의 생명과 안전을 지키는 나라를 만들겠습니다.

□ 목표

○ 국민 생활안전 및 재난 대응 강화

○ 의료 대란 해결 및 의료 개혁 추진

□ 이행 방법

○ 범죄로부터 안전한 사회 구축

- 흉악범죄·묻지마범죄(이상동기범죄) 예방을 위해 범죄경력자 관리 감독 강화

- 교제폭력 범죄 처벌 강화 및 피해자 보호명령제도 도입

- 청소년 범죄 대응체계 강화

○ 민생침해 금융범죄 처벌 및 금융소비자 보호를 위한 제도 개선 추진

- 민생파괴 금융범죄에 대한 처벌 대폭 강화

- 보이스피싱·다중사기범죄 등 서민 다중피해범죄에 대한 범죄이익 몰수

- 금융사고 책임자 엄정처벌 및 금융보안 의무위반 징벌적 과징금 부과

○ 사회적 재난에 대한 신속하고 효율적인 대응체계 구축

- 재난현장지휘권 강화로 대규모 재난 신속대응 및 부처별 협업체계 구축

- 사회재난 발생 시 사고조사위원회 즉시 설치

- 재난안전 산업 육성 및 소방·화재 안전 장비 확충

- 산불·호우·땅꺼짐 사고를 포함한 통합 기후재난 예측·감시시스템 도입

- 생명안전기본법 제정 추진

○ 교통사고 예방과 건설안전 환경조성으로 생활안전 체계 강화

- 보행자 안전 우선의 교통체계 구축으로 교통취약계층 우선보호

- 오토바이 전후방 번호판제 도입 및 고령운전자 운전 안전 대책 마련

- 전기차 배터리 인증제 활성화 및 전기차 화재예방·진압장비 도입 확대

- 공유형 전동킥보드 안전관리 강화 및 효율적 이용을 위한 관련법 제정

- 항공사고 예방을 위한 항공사·공항시설 안전관련 투자·정비 점검 강화

- 건설공사 발주·설계·시공·감리 등 전 과정에 대한 안전대책 강화

○ 지역·필수·공공의료 강화로 제대로 치료받을 권리 확보

- 필수의료에 대한 충분한 보상체계 확립 및 의료사고에 대한 국가책임 강화

- 지역의사·지역의대·공공의료사관학교 신설로 지역·필수·공공의료 인력 확보

- 진료권 중심 공공의료 인프라 확충 및 국립대병원 거점병원 역할 강화

- 응급환자 신속 이송-수용-전원체계로 응급실 뺑뺑이 문제 해결

- 진료권 중심 응급의료체계와 중증-응급 24시간 전문의 대응체계 확립

- 주치의 중심 맞춤형 일차 의료체계 구축 및 방문·재택 진료 확대

- 의료의 질과 안전성을 고려한 비대면 진료 제도화
- 필수의약품 수급불안 해소와 감염병 위기 대응 인프라 구축

○ 국민참여 의료개혁으로 의료대란 해결, 건강보험의 지속가능성 확보
- '국민참여형 의료개혁 공론화위원회'로 국민이 원하는 진짜 의료개혁 추진
- 보건의료 전문직역들의 상호협력체계 강화 및 적정인력 확보
- 건강보험에 대한 안정적인 국고지원 및 수가보상체계의 합리적 개편
- 대상별·질환별 특성 고려한 보장성 확대로 의료비 절감과 질병 예방
- 희귀·난치 질환 부담 완화와 소아비만·소아당뇨에 대한 국가책임 강화

□ **이행 기간**

○ 법률 제·개정 사항은 2025년 6월부터 준비하여 단계적으로 추진
○ 재정사업은 2025년 추경과 2026년도 예산 수립부터 단계적으로 추진
○ 건강보험 관련 사항은 사회적 논의 통해 건보재정 계획 마련

□ **재원조달방안 등**

○ 정부재정 지출구조 조정분, 2025~2030 연간 총수입증가분(전망) 등으로 충당. 건강보험 재정 관련 사항은 별도 논의 필요

6. 세종 행정수도와 '5극 3특' 추진으로 국토균형발전을 이루겠습니다.

□ **목표**

○ 세종 행정수도 완성
○ 5극(5대 초광역권: 수도권, 동남권, 대경권, 중부권, 호남권), 3특(3대 특별자치도(제주,

강원,전북)) 추진

□ **이행 방법**
　○ 세종 행정수도 완성 추진
　　- 국회 세종의사당과 대통령 세종 집무실 임기 내 건립
　○ 이전 공공기관 정주여건 개선 및 제2차 공공기관 지방이전 추진
　○ 5극, 3특 중심 균형발전 기반 마련
　　- 5대 초광역권(수도권, 동남권, 대경권, 중부권, 호남권)별 특별지방자치단체 구성 및 권역별 광역급행철도 건설
　　- 3대 특별자치도(제주, 강원, 전북)의 자치권한 및 경쟁력 강화 위한 특별법 개정
　○ 자치분권 강화와 지방재정 확충
　　- 균형발전을 위한 국가자치분권회의 신설 추진
　　- 지방교부세 확대, 자체세원 발굴 등으로 지방재정 확충
　○ 지역소멸을 방지하기 위한 지역 주도 행정체계 개편 추진
　　- 행정체계 개편을 위한 범부처 통합 TF구성 및 로드맵 마련
　　- 주민의사를 반영한 지자체 통합방안 마련
　○ 지역대표 전략산업 육성과 지역투자 촉진으로 지역경제 활력 촉진
　　- 혁신도시·경제자유구역·국가/지방산단 연계한 경쟁력 있는 지역대표 전략산업 육성
　　- 위기산업 구조개혁으로 지역균형 발전 추진 및 지역산업 생태계 안정 도모
　○ 수도권 중심의 대학 서열화 완화를 통한 국가 균형발전 달성
　　- '서울대 10개 만들기'로 지역 거점국립대에 대한 전략적 투자와 체계적 육성 추진

- 지역과 함께 성장하고 국립대-사립대가 동반성장하는 RISE 체계 구축

○ **지역사랑상품권 발행 의무화를 통해 지역경제를 살리고 균형발전 달성**

○ **'잘사니즘'의 실현, 관광산업으로 지역경제 활성화**

  - 국민휴가 지원 3종 세트(근로자 휴가지원제, 지역사랑 휴가지원제, 숏컷 여행)를 통해 근로자 휴가지원제도를 대폭 확대해 지역관광 활성화

  - 지자체·기업 매칭의 워케이션 관광 활성화 및 지역특화 관광자원 개발

○ **사람이 돌아오는 지속가능한 농산어촌**

  - 주거여건 개선, 빈집 정비, 세컨드 하우스 확산 및 귀농·귀촌 지원 강화

  - 신규인력 진입지원 확대 통해 미래 청년농업·어업·임업 인재 육성

○ **철도지하화 대상 구간 차질없는 추진 위한 종합계획 수립 및 단계적 시행**

○ **지역·중소방송사의 지역밀착형 콘텐츠 제작 지원 및 확대 등 활성화 적극 지원**

○ **재난현장 일선에서 희생하는 이·통장 특별활동비 신설**

□ **이행 기간**

○ 법률 제·개정 사항은 2025년 6월부터 준비하여 단계적으로 추진

○ 재정사업은 2025년 추경과 2026년도 예산 수립부터 단계적으로 추진

□ **재원조달방안 등**

○ 정부재정 지출구조 조정분, 2025~2030 연간 총수입증가분(전망) 등으로 충당

7. 노동이 존중받고 모든 사람의 권리가 보장되는 사회를 만들겠습니다.

☐ **목표**
　○ 노동 존중, 일하는 사람들의 권리 존중 사회 실현

☐ **이행 방법**
　○ 자영업자, 특수고용 및 플랫폼 노동자 등 일하는 모든 사람들의 일터 권리 보장, 일한 만큼 보상받는 공정한 노동환경 조성
　　- 일하는 사람 권리 보장을 위한 법제도 개선, 미조직 취약계층 이해 대변 강화
　　- 「노동조합법」2·3조 개정으로 하청노동자 등의 교섭권 보장
　○ 포괄임금제 금지 등 「근로기준법」에 명문화
　○ 동일노동 동일임금 기준지표 마련을 위한 임금분포제 도입
　○ 산업·업종·지역단위 단체교섭협약 활성화로 저임금노동자들의 기본 노동조건 보장
　　- 국가·지자체, 공공기관 등 공공부문이 모범적 사용자로서 노동관계법 준수 및 산업·업종 단체교섭협약모델 구축 추진
　○ 직장 내 민주주의, 노사자율 강화 실현
　　- 근로자(노동자)의 과반수를 대표하는 근로자(노동자) 대표의 선출·임기·역할·법적 보호 등 제도적 기반 마련
　○ '업무상 재해위험이 높은 자영업자'까지 산재보험 제도 도입
　○ '일하다 다치거나 죽지 않게' 노동안전보건체계 구축
　　- 하청노동자 보호를 위한 원·하청 통합 안전보건관리체계 구축
　○ 일하는 여성이 일하기 좋은 사회 조성

- 고용평등 임금공시제 도입 및 공공기관 성별 평등지표 적극 반영
○ 주4.5일 도입·확산 등으로 2030년까지 OECD 평균 이하로 노동시간 감축
  - 범정부 차원 주 4.5일제 실시 지원 및 실노동시간 단축 로드맵 제시
○ 공무원 처우개선 및 공직문화 개선
  - 저연차 공무원의 보수 지속적 인상, 경찰·소방·재난담당 공무원 위험근무수당 인상
  - '간부 모시는 날', 불합리한 업무 지시 등 잘못된 공직관행 혁신
○ 문화예술인 창작권 보장을 위한 권리 강화 및 정부의 문화예술인 창작권 침해 금지
○ 권리보장 강화로 장애인 사회참여 실현
  - 체계적 장애인 권리보장 기반 마련을 위한 '장애인권리보장법' 제정
  - 장애인 등 교통약자를 위한 교통수단 확대 및 단계적 발전 계획 마련 등

□ **이행 기간**
○ 법률 등 제·개정 사항은 2025년 6월부터 준비하여 단계적 추진
○ 재정사업은 2025년 제2회추경안, 2026년도 예산안 편성부터 단계적 추진

□ **재원조달방안 등**
○ 정부재정 지출구조 조정분, 2025~2030 연간 총수입증가분(전망) 등으로 충당

8. 생활안정으로 아동·청년·어르신 등 모두가 잘사는 나라를 만들겠습니다.

□ 목표
　○ 생활안정과 생활비절감 추진
　○ 빈틈없이 기본이 보장되는 사회 추진

□ 이행 방법
　○ 생애주기별 소득보장체계 구축
　　- 아동수당 지급 대상을 18세까지 점진적 상향
　　- 일하는 모든 취업자로 육아휴직 단계적 확대
　　- 국민연금 사각지대 해소 및 연금개혁 지속 추진
　○ 온 사회가 다 같이 돌보는 돌봄기본사회 추진
　　- 영유아 교육·보육비 지원 확대 및 온동네 초등돌봄체계 구축
　　- 간병비 부담완화와 간호·간병 통합병동 확대 추진
　　- 지속 가능한 지역사회 통합 돌봄체계 구축
　○ 근로장려금(EITC)과 자녀장려금(CTC)의 대상 및 지급액 확대
　○ 주거·통신 등 필수적인 생활비 부담 절감
　　- 월세 세액공제 대상자·대상주택 확대 및 통신비 세액공제 신설
　○ 청년·국민·어르신 패스 3종 도입으로 국민 교통비 절감
　○ 국가책임 공교육으로 사교육비 부담 경감
　　- 기초학력 학습안전망 지원 확대 및 자기주도학습센터 운영
　○ 대학생 등록금 부담 완화 및 청년주거 환경 개선
　○ 생애주기 문화패스 신설·확대 등 국민 문화향유권 확대

○ 선진국형 농가소득 및 농업재해안전망 도입

  - 농산물 가격 안정적 관리 및 농어업재해 국가책임 강화

  - 양곡관리법 개정 등을 통한 쌀값 정상화 및 공익직불금 확대

  - 농업인 퇴직연금제 도입 및 농지이양 은퇴직불금·공공비축농지 확대

○ 어민 소득증대 통한 어촌소멸 대응

  - 탄소중립 활동 참여 어촌마을 안정적인 소득기반 마련

  - 수산식품기업바우처 수산선도조직 육성사업 지원 확대

○ 국가유공자 예우 강화 및 보훈문화 확산

  - 저소득 보훈대상자에 대한 지원체계 강화 및 사각지대 없는 보훈의료체계 구축

  - 조국 수호를 위해 희생한 시간에 대한 정당한 보상

○ 문화예술인 사회보험보장 확대 및 복합지원공간 확충

○ 청년의 기회와 복지 확대

  - '청년미래적금' 도입 등 청년자산형성 지원

  - 취업 후 상환 학자금 대출 소득요건 완화, 의무상환 전 이자면제 대상 확대

  - 군복무 경력 호봉 반영, 구직활동지원금 확대 등 청년의 일할 권리와 기회강화

  - 청년 맞춤형 공공분양 및 월세지원 확대 등 청년 주거지원 강화

  - 국민연금 군복무 크레딧 확대 등 청년생활안전망 구축

  - 글로벌 기업이 운영 중인 '채용연계형 직업교육 프로그램' 확산·지원

○ 1인가구·청년을 위한 정책 확대

  - 직장과 주거시설이 근접한 주거복합플랫폼주택 조성 및 맞춤형 주거설계지원 사업 추진

○ 한부모가족의 복지급여 확대 등 안정적인 생활환경 지원 강화

○ 서민들의 편의를 위한 교통물류 환경 개선

- 교통물류환경종사자 근로여건 개선방안 마련
- 생활물류, 고속철도, 항공 등 국민편익 향상 방안 마련

○ 청년·근로자 천원의 아침밥 및 농식품바우처 확대 등 먹거리 돌봄 강화

○ 사람과 동물이 더불어 행복한 사회 조성
- 반려동물 양육비 부담 완화 및 의료 서비스 강화
- 동물 학대자의 동물 소유권 및 사육권 제한

☐ 이행 기간
○ 법률 제·개정 사항은 2025년 6월부터 준비하여 단계적으로 추진
○ 재정사업은 2025년 추경과 2026년도 예산 수립부터 단계적으로 추진

☐ 재원조달방안 등
○ 정부재정 지출구조 조정분, 2025~2030 연간 총수입증가분(전망) 등으로 충당

9. 저출생·고령화 위기를 극복하고 아이부터 어르신까지 함께 돌보는 국가를 만들겠습니다.

☐ 목표
○ 저출생·고령화 해소 및 돌봄체계 구축

☐ 이행 방법
○ 저출생 대책 혁신 및 자녀양육 지원 확대

- 자녀 수에 비례한 신용카드 소득공제율·공제 한도 상향 추진

- 초등학생 예체능학원·체육시설 이용료를 교육비 세액공제 대상에 추가

- '우리아이자립펀드' 단계적 도입 및 신혼부부 결혼출산지원 확대

- 신혼부부 공공임대주택 공급 확대

- 난임부부 치료지원 강화

○ **아이 키우기 좋은 나라를 위한 돌봄·교육, 일·가정 양립 지원 강화**

- 공공 아이돌봄 서비스 지원 강화

- 지자체 협력형 초등돌봄 추진

- 초등학교 방과후학교 수업료 지원 확대

- 교육·보육의 질을 높이는 정부 책임형 유보 통합 추진

○ **발달장애인 24시간 돌봄 등 장애인 맞춤형 지역돌봄체계 구축**

○ **생애주기별 외로움(고독) 대응 정책 개발·추진**

○ **고령사회 대응을 위한 통합적 지원체계 마련**

- 치매·장애 등으로 재산 관리가 어려운 노인을 위한 공공신탁제도 도입

- 어르신 주거 문제 해결을 위한 고령자 친화 주택·은퇴자 도시 조성

- 간호·간병 통합서비스 확대 및 요양병원 간병비 건강보험 적용

- 노인 등이 집에서 의료·돌봄서비스를 받는 지역사회 통합 돌봄체계 구축

○ **지속 가능한 노후 소득 보장 체계 구축**

- 국민연금 수급 연령에 맞춘 정년 연장, 사회적 합의를 통해 단계적 추진

- 주택연금 제도개선 등을 통해 노후 소득 보장을 위한 지원강화

□ **이행 기간**

○ 법률 제·개정 사항은 2025년 6월부터 준비하여 단계적으로 추진

○ 재정사업은 2025년 추경과 2026년도 예산 수립부터 단계적으로 추진

☐ **재원조달방안 등**
○ 정부재정 지출구조 조정분, 2025~2030 연간 총수입증가분(전망) 등으로 충당

10. 미래세대를 위해 기후위기에 적극 대응하겠습니다.

☐ **목표**
○ 기후위기 대응 및 산업구조의 탈탄소 전환

☐ **이행 방법**
○ 선진국으로서의 책임에 걸맞는 온실가스 감축목표 수립
  - 2030년 온실가스 감축 목표 달성 추진과 과학적 근거에 따른 2035년 이후 감축 로드맵 수립
  - 헌법불합치 결정 취지를 감안하여 책임있는 중간목표를 담은 탄소중립기본법 개정
  - 2028년 제33차 기후변화협약 당사국총회(COP33) 유치
○ 재생에너지 중심의 에너지전환 가속화
  - 2040년까지 석탄화력발전 폐쇄
  - 햇빛·바람 연금 확대, 농가태양광 설치로 주민소득 증대 및 에너지 자립 실현
  - 태양광 이격거리 규제 및 재생에너지 직접구매(PPA) 개선
○ 경제성장의 대동맥, 에너지고속도로 구축

- 2030년까지 서해안, 2040년까지 한반도 에너지고속도로 건설 추진
  - 분산형 재생에너지 발전원을 효율적으로 연결·운영하는 '지능형 전력망' 구축
  - '에너지산업 육성' 및 공급망 내재화를 통한 차세대 성장동력 마련
○ 탄소중립 산업전환으로 경제와 환경의 조화로운 발전 도모
  - 태양광·풍력·전기차·배터리·수전해·히트펌프 등 탄소중립산업의 국산화 및 수출경쟁력 제고
  - RE100 산업단지 조성으로 수출기업의 기후통상 대응역량 지원
  - 철강·석유화학·시멘트 등 탄소다배출 업종의 저탄소 공정 및 기술혁신 지속 추진, 기업 탈탄소 전환 지원책 마련
  - 기후테크 R&D 예산 확대, 탄소중립 신산업·신기술 발굴로 탄소중립 역량 강화
○ 건축물·열 부문 탈탄소화
  - 민간·공공 그린리모델링 지원 확대 및 절차 간소화를 통한 노후건물 에너지효율화
○ 전기차 보급 확대 및 노후경유차 조기 대·폐차 지원을 통한 수송부문 탈탄소 가속화
○ 영농형태양광 적극 보급, 친환경유기농업 확대 및 지속가능한 축산업으로 농업 탄소 배출량 저감 추진
○ 탈플라스틱 국가 로드맵 수립 및 바이오플라스틱 산업 육성 지원
○ 한반도 생물 다양성 복원
  - 산불 발생 지역 생물다양성 복원 추진
  - 육지와 해양의 생물다양성보호구역 단계적 확대
○ 4대강 재자연화(Rewilding)와 수질개선 추진
○ 탄소포인트제 등 국민의 탄소 감축 실천에 대한 인센티브 강화

○ 정의로운 전환을 위한 실현 방안 마련

   - 배출권거래제 유상할당 비중 확대 등 기후대응기금 확충

   - 정의로운 전환 특구 지정 및 고용전환과 신산업 역량 개발 지원

○ 2028년 제4차 UN해양총회 유치

□ **이행 기간**

○ 법률 제·개정 사항은 2025년 6월부터 준비하여 단계적으로 추진

○ 재정사업은 2025년 추경과 2026년도 예산 수립부터 단계적으로 추진

□ **재원조달방안 등**

○ 정부재정 지출구조 조정분, 2025~2030 연간 총수입증가분(전망) 등으로 충당

이재명 시대 2025-2030
대한민국 경제 미래 대예측

초판 1쇄   2025년 7월 21일

지은이   대한경제포럼 편집부
디자인   박서은, 박인미
펴낸곳   대한경제포럼
출판등록   2021년 5월 21일 제2021-000019호
ISBN   979-11-93282-30-4 (03320)

* 책값은 뒤표지에 있습니다.
* 파본은 구입하신 서점에서 교환해 드립니다.
* 이 책은 저작권법에 의하여 보호를 받는 저작물이므로 무단 전재와 복제를 금합니다.